中国旅游统计年鉴

（副本）

THE YEARBOOK OF CHINA TOURISM STATISTICS （SUPPLEMENT）

2003

中 华 人 民 共 和 国 国 家 旅 游 局
NATIONAL TOURISM ADMINISTRATION OF THE PEOPLE'S REPUBLIC OF CHINA

中国旅游统计年鉴编辑委员会名单

LIST OF EDITORIAL BOARD OF THE YEARBOOK OF CHINA TOURISM STATISTICS

编 者 说 明

《中国旅游统计年鉴(副本)2003》是反映2002年我国旅游业供给要素诸方面情况的资料性年刊。主要内容有,上篇:全国旅游企业综合资料,包括各省(区、市)和主要旅游城市旅游企业的主要经济指标、国内旅游住宿设施基本情况;下篇:全国星级饭店综合资料。

作为《中国旅游统计年鉴》的重要补充,该书是了解、研究我国旅游生产力的规模、布局、结构以及旅游企业经济效益等方面情况的重要参考资料,翔实的旅游饭店的统计资料,对于研究旅游饭店业在我国旅游业跨世纪发展中的地位、作用及自身发展轨迹更具有重要的参考价值。该书可供旅游部门、国民经济各有关部门、教学科研单位以及经济工作者和大专院校师生使用。

本书资料来源于全国各省、自治区、直辖市旅游局每年进行的定期报表统计;部分资料来源于国家旅游局和国家统计局联合开展的全国旅馆业抽样调查。在编辑过程中,我们对各地的数字进行了核实、调整,统计口径与国家旅游局、国家统计局联合制定的《旅游统计调查制度》规定的口径一致。

全国统计数据均未包括我国香港特别行政区、澳门特别行政区和台湾省的数字。

本年鉴(副本)中有“#”号者表示为该栏的主要项或其中项;有“-”号者表示该项数据不详或无可比性。

中国旅游统计年鉴编委会

二〇〇三年七月

目　　录

上篇　全国旅游企业综合资料

三、主要城市综合资料

四、分城市旅游企业资料

上　　篇

全国旅游企业综合资料

2002年旅游企业经营统计报告

国家旅游局政策法规司

2002年，我国旅游产业蓬勃发展，行业生产要素的总量规模进一步扩大，产业结构进一步完善，产出水平和经济效益进一步提高。

一、旅游业总体规模

1. 企业数量

2002年，全国共有各类旅游企事业单位293793家（其中星级饭店、旅行社等统计报表报送单位26617家，抽样调查的其他旅游住宿设施267176家），比上年末增长0.9%，具体构成是：旅行社11615家（国际旅行社1358家，国内旅行社10257家）；星级饭店8880家（客房89.72万间）；旅游景区（点）、旅游车船公司等其他旅游企业6122家；其他旅游住宿设施267176家（社会旅馆84002家，个体旅馆183174家，拥有客房635.84万间、床位1405.57万张）。

2. 旅游从业人员情况

到2002年末，全国旅游业直接从业人员612.63万人，比上年末增长2.5%，具体构成是：旅行社22.91万人；星级饭店121.61万人；旅游景区（点）、旅游车船公司等其他旅游企事业单位74.43万人；其他旅游住宿设施393.68万人（社会旅馆342.79万人，个体旅馆50.89万人）。

2002年末，全国旅游直接从业人员居于前10位的省（区、市）是：(1)广东：81.47万人；(2)江苏：41.29万人；(3)北京：37.03万人；(4)山东：36.82万人；(5)湖北：34.46万人；(6)浙江：33.97万人；(7)河南：29.44万人；(8)河北：28.93万人；(9)四川：28.70万人；(10)辽宁：26.41万人。

3. 固定资产

到2002年末，全国旅游业拥有固定资产原值8238.20亿元，比上年末增长5.7%，其中83.8%的固定资产集中于旅游住宿设施（其中星级饭店占32.4%，社会旅馆占45.3%，个体旅馆占6.0%）。在地区分布上，主要集中在广东、北京、江苏、浙江、山东、湖北、上海等省（市）。

在旅游行业拥有的8238.20亿元固定资产中，旅行社412.25亿元，占5.0%；星级饭店2672.37亿元，占32.4%；社会旅馆3732.62亿元，占45.3%；个体旅馆496.59亿元，占6.0%；旅游景区（点）、旅游车船公司等其他旅游企事业单位924.37亿元，占11.2%。

2002年末，拥有固定资产原值居于前10位的省（区、市）是：(1)广东：993.44亿元；(2)北京：831.54亿元；(3)江苏：534.59亿元；(4)浙江：495.90亿元；(5)山东：

457.44 亿元;(6)湖北:448.14 亿元;(7)上海:412.49 亿元;(8)四川:402.82 亿元;(9)辽宁:390.65 亿元;(10)河北:301.34 亿元。

二、旅游企业经营情况

由于统计调查方法的不同,本"旅游企业的经营情况"仅反映旅行社、星级饭店、旅游景区(点)、旅游车船公司和其他旅游企业等 26617 家纳入全面统计报表的基层单位,不包括社会旅馆、个体旅馆等其他旅游住宿设施的经营情况。

1. 总体情况

2002 年,26617 家旅游企业年营业收入达 2260.66 亿元,向国家上缴营业税 80.12 亿元。

2002 年,旅游企业实现营业收入居于全国前 10 位的省(区、市)是:(1)广东:587.24 亿元;(2)北京:307.14 亿元;(3)上海:207.87 亿元;(4)浙江:158.75 亿元;(5)江苏:148.91 亿元;(6)山东:138.14 亿元;(7)辽宁:59.71 亿元;(8)四川:52.85 亿元;(9)福建:47.70 亿元;(10)云南:47.25 亿元。

2002 年,旅游企业向国家上缴营业税居于全国前 10 位的省(区、市)是:(1)广东:23.97 亿元;(2)北京:9.28 亿元;(3)上海:6.65 亿元;(4)浙江 5.61 亿元;(5)江苏:4.85 亿元;(6)辽宁:3.28 亿元;(7)福建:2.94 亿元;(8)山东:2.55 亿元;(9)四川:1.71 亿元;(10)广西:1.57 亿元。

2. 旅行社

2002 年,纳入统计范围的全国 11552 家旅行社共实现营业收入 710.67 亿元,比上年增长 20.5%;向国家上缴税金 7.97 亿元,比上年增长 4.5%;旅行社实现利润 11.93 亿元,比上年下降 2.9%;旅行社的全员劳动生产率为 31.01 万元/人,比上年增长 1.2%;全年人均实现利税 0.87 万元/人,比上年下降 15.5%。

2002 年,旅行社营业收入居于全国前 10 位的省(区、市)是:(1)北京:137.61 亿元;(2)广东:120.96 亿元;(3)上海:69.98 亿元;(4)江苏:54.52 亿元;(5)浙江:45.22 亿元;(6)福建:26.15 亿元;(7)云南:23.90 亿元;(8)山东:23.83 亿元;(9)重庆:18.20 亿元;(10)广西:17.79 亿元。

2002 年,旅行社向国家上缴税金超过 1000 万元的省(区、市)是:(1)北京:18596 万元;(2)广东:15919 万元;(3)上海:5892 万元;(4)江苏:5691 万元;(5)浙江:4418 万元;(6)黑龙江:3360 万元;(7)福建:2577 万元;(8)海南:2319 万元;(9)重庆:2214 万元;(10)云南:2182 万元;(11)山东:1647 万元;(12)辽宁:1499 万元;(13)湖北:1471 万元;(14)陕西:1427 万元;(15)四川:1405 万元;(16)广西:1391 万元;(17)河南:1053 万元。

3. 星级饭店

到 2002 年末,全国共有星级饭店 8880 家,比上年末增加 1522 家;其中内资饭店 8194 家,外资饭店 686 家。全国星级饭店共实现营业收入 914.43 亿元;上缴营业税金 48.65 亿元；全员劳动生产率达 7.52 万元/人，比上年提高 3.6%。

2002 年，星级饭店营业收入位居全国前十名的地区是：(1)广东省 142.13 亿元；(2)北京 130.71 亿元；(3)浙江 101.08 亿元；(4)上海 99.93 亿元；(5)江苏 70.77 亿元；(6)山东 38.53 亿元；(7)辽宁 30.62 亿元；(8)湖北 22.66 亿元；(9)河北 21.37 亿元；(10)四川 20.40 亿。

2002 年，星级饭店上缴营业税金位居全国前十名的地区是：(1)广东 8.25 亿元；(2)北京 6.77 亿元；(3)上海 4.81 亿元；(4)浙江 4.76 亿元；(5)江苏 3.42 亿元；(6)山东 2.03 亿元；(7)辽宁 1.70 亿元；(8)福建 1.43 亿元；(9)河北 1.22 亿元；(10)湖北 1.19 亿元。

4. 其他旅游企业

2002 年，纳入统计范围的主要旅游景区(点)、旅游车船公司等"其他旅游企业"有 6122 家，比上年增加 252 家。"其他旅游企业"全年共实现营业收入 635.57 亿元；向国家上缴营业税金 23.50 亿元；全年实现利润 55.84 亿元。

附表 1.2002 年旅游业基本单位数；

附表 2.2002 年旅游业从业人员情况；

附表 3.2002 年旅游业固定资产情况；

附表 4.2002 年旅游企业主要经济指标。

附表 1

2002 年旅游业基本单位数(按地区分)

	合 计	旅游住宿设施		
		小 计	星级饭店	社会旅馆
合 计	293 730	276 056	8 880	84 002
北 京	6 612	5 893	572	4 434
天 津	1 926	1 597	81	818
河 北	21 116	20 472	267	3 241
山 西	7 353	6 845	217	1 968
内蒙古	9 861	9 637	124	1 247
辽 宁	11 114	9 896	347	3 310
吉 林	6 104	5 814	158	1 668
黑龙江	12 416	12 029	217	2 457
上 海	4 396	3 752	319	2 435
江 苏	20 495	19 086	575	5 955
浙 江	18 708	17 681	723	3 917
安 徽	17 041	16 376	272	2 731
福 建	7 061	6 412	284	2 110
江 西	7 461	7 119	182	2 298
山 东	15 811	14 436	401	4 037
河 南	14 090	13 372	308	5 354
湖 北	12 450	11 765	473	3 686
湖 南	14 667	14 077	319	2 960
广 东	12 241	11 075	926	4 771
广 西	9 404	8 716	258	3 015
海 南	2 715	2 545	196	1 280
重 庆	4 299	4 046	109	1 880
四 川	16 348	15 365	294	4 943
贵 州	7 265	7 070	82	1 194
云 南	10 173	9 524	560	3 901
西 藏	250	192	49	143
陕 西	11 842	11 500	178	4 055
甘 肃	4 072	3 806	125	1 789
青 海	1 474	1 357	39	610
宁 夏	1 284	1 209	35	469
新 疆	3 680	3 391	190	1 325

注:2002 年末,全国纳入统计范围的旅行社为 11552 家,实有旅行社应为 11615 家。

单位：家

个体旅馆	旅行社 小 计	国际社	国内社	其他旅游企业
183 174	11 552	1 349	10 203	6 122
887	508	165	343	211
698	221	19	202	108
16 964	524	30	494	120
4 660	325	23	302	183
8 266	143	27	116	81
6 239	647	56	591	571
3 988	194	41	153	96
9 355	337	62	275	50
998	541	41	500	103
12 556	844	69	775	565
13 041	675	46	629	352
13 373	416	35	381	249
4 018	421	38	383	228
4 639	308	21	287	34
9 998	1 042	55	987	333
7 710	526	30	496	192
7 606	342	31	311	343
10 798	377	34	343	213
5 378	593	178	415	573
5 443	318	50	268	370
1 069	151	39	112	19
2 057	204	23	181	49
10 128	469	49	420	514
5 794	123	12	111	72
5 063	411	37	374	238
–	40	20	20	18
7 267	281	34	247	61
1 892	200	27	173	66
708	89	11	78	28
705	50	7	43	25
1 876	232	39	193	57

附表2

2002年旅游业从业人员情况(按地区分)

	合计	旅游住宿设施		
		小计	星级饭店	社会旅馆
合计	6 126 347	5 152 916	1 216 076	3 427 948
北京	370 257	306 273	107 091	196 718
天津	63 584	52 962	15 700	35 323
河北	289 264	275 994	41 213	187 652
山西	162 507	142 676	30 864	98 866
内蒙古	83 283	78 712	13 709	42 039
辽宁	264 136	219 193	45 235	156 624
吉林	86 685	82 236	22 107	49 049
黑龙江	119 240	105 781	27 523	52 268
上海	182 961	144 808	73 656	68 379
江苏	412 872	370 489	80 625	254 982
浙江	339 665	314 872	92 375	186 267
安徽	182 142	157 681	41 227	76 301
福建	163 713	150 598	44 841	94 594
江西	102 921	93 601	14 276	64 038
山东	368 179	302 970	71 346	203 848
河南	294 420	278 929	28 616	228 893
湖北	344 630	326 600	41 847	263 622
湖南	183 933	173 228	33 351	109 878
广东	814 702	399 280	141 368	242 971
广西	194 880	173 817	39 103	119 593
海南	70 825	63 105	25 310	35 625
重庆	74 996	68 098	19 701	43 282
四川	286 962	256 912	39 597	189 177
贵州	73 071	65 241	10 631	38 513
云南	154 975	136 721	36 026	90 629
西藏	4 461	3 127	3 127	–
陕西	225 520	212 183	24 716	167 278
甘肃	71 382	65 777	18 260	42 260
青海	23 866	22 214	4 360	15 887
宁夏	24 469	22 526	5 440	15 127
新疆	91 847	86 313	22 835	58 266

单位：人

个体旅馆	旅行社小计	国际社	国内社	其他旅游企业
508 892	229 147	89 128	140 019	744 284
2 464	15 522	10 783	4 739	48 462
1 939	5 164	1 173	3 991	5 458
47 129	6 705	1 281	5 424	6 565
12 946	5 602	1 170	4 432	14 229
22 965	2 071	887	1 184	2 500
17 333	7 471	2 226	5 245	37 472
11 079	2 821	1 251	1 570	1 628
25 990	4 687	2 258	2 429	8 772
2 773	15 673	4 876	10 797	22 480
34 883	13 846	4 351	9 495	28 537
36 230	12 745	3 102	9 643	12 048
40 153	5 880	1 224	4 656	18 581
11 163	8 978	3 607	5 371	4 137
15 287	4 608	791	3 817	4 712
27 776	13 694	2 103	11 591	51 515
21 420	7 578	1 739	5 839	7 913
21 131	8 542	4 416	4 126	9 488
29 999	7 938	2 536	5 402	2 767
14 941	24 887	16 520	8 367	390 535
15 122	8 340	3 666	4 674	12 723
2 170	4 098	1 956	2 142	3 622
5 115	5 111	2 033	3 078	1 787
28 137	9 036	3 425	5 611	21 014
16 097	2 264	724	1 540	5 566
10 066	10 180	3 697	6 483	8 074
–	746	537	209	588
20 189	6 058	2 872	3 186	7 279
5 256	3 083	1 409	1 674	2 522
1 967	1 477	543	934	175
1 959	664	237	427	1 279
5 212	3 678	1 735	1 943	1 856

附表 3

2002 年旅游业固定资产情况(按地区分)

	合　计	旅游住宿设施		
		小　计	星级饭店	社会旅馆
合　计	82 381 953.87	69 015 764.17	26 723 697.56	37 326 191.21
北　京	8 315 358.66	6 601 945.58	3 878 548.37	2 699 350.50
天　津	720 569.77	556 574.91	353 578.96	184 073.07
河　北	3 013 441.43	2 886 157.35	676 704.85	1 749 555.85
山　西	1 230 965.15	1 049 516.17	300 633.54	622 549.32
内蒙古	924 768.53	872 923.73	201 065.11	447 766.08
辽　宁	3 906 459.27	3 352 782.95	1 422 821.15	1 760 821.55
吉　林	1 063 246.77	943 561.90	443 547.10	391 899.51
黑龙江	1 880 015.01	1 437 167.37	604 749.89	578 801.99
上　海	4 124 933.37	3 006 206.73	2 292 374.58	686 776.22
江　苏	5 345 862.52	4 535 240.31	1 889 482.61	2 305 362.60
浙　江	4 959 023.27	4 423 911.73	1 963 855.52	2 106 512.69
安　徽	1 607 410.11	1 440 454.59	361 461.86	716 448.64
福　建	2 186 890.79	1 929 845.24	572 673.47	1 248 243.17
江　西	971 296.24	881 727.16	256 753.55	499 209.60
山　东	4 574 424.67	3 598 110.72	1 379 464.88	1 947 598.52
河　南	2 755 814.73	2 616 065.91	465 304.00	1 941 742.62
湖　北	4 481 352.11	4 195 516.96	774 763.57	3 214 553.55
湖　南	2 466 111.99	2 412 315.84	445 297.72	1 674 282.67
广　东	9 934 396.26	6 417 782.35	3 244 073.39	3 027 910.55
广　西	2 656 774.22	2 422 606.04	679 268.77	1 595 776.70
海　南	1 645 119.41	1 368 697.57	820 556.53	519 160.29
重　庆	1 203 517.37	1 109 482.95	381 087.64	672 629.72
四　川	4 028 187.42	3 693 706.36	828 467.01	2 590 667.70
贵　州	948 920.56	808 555.17	240 144.08	411 334.86
云　南	2 270 575.71	1 993 834.71	697 651.49	1 158 924.51
西　藏	462 971.03	102 293.00	102 293.00	-
陕　西	2 206 958.34	2 044 846.72	564 621.90	1 283 215.33
甘　肃	766 963.63	691 419.83	277 587.45	362 539.97
青　海	181 351.05	163 408.69	45 699.19	98 515.51
宁　夏	237 737.06	227 007.97	90 006.46	117 888.85
新　疆	1 310 537.41	1 232 097.65	469 159.92	712 079.08

单位:万元

个体旅馆	旅行社小计	国际社	国内社	其他旅游企业
4 965 875.40	4 122 465.30	2 890 994.20	1 231 471.10	9 243 724.40
24 046.71	829 427.53	739 410.43	90 017.10	883 985.55
18 922.89	48 413.67	22 039.87	26 373.80	115 581.19
459 896.66	45 112.00	15 636.67	29 475.33	82 172.08
126 333.32	40 298.48	15 414.00	24 884.48	141 150.50
224 092.54	26 002.54	15 028.93	10 973.61	25 842.26
169 140.25	72 849.16	33 033.35	39 815.81	480 827.16
108 115.30	87 566.07	14 396.38	73 169.69	32 118.80
253 615.49	58 486.54	32 513.31	25 973.23	384 361.10
27 055.93	272 588.58	171 616.50	100 972.08	846 138.06
340 395.10	225 870.15	105 933.33	119 936.82	584 752.06
353 543.52	159 740.74	68 655.37	91 085.37	375 370.80
362 544.09	47 560.21	23 698.48	23 861.73	119 395.31
108 928.60	203 355.67	158 941.86	44 413.81	53 689.88
125 764.01	38 910.48	10 914.76	27 995.72	50 658.60
271 047.32	122 303.70	66 519.55	55 784.15	854 010.25
209 019.29	75 999.63	48 847.96	27 151.67	63 749.19
206 199.83	108 037.32	88 697.49	19 339.83	177 797.83
292 735.45	32 133.70	13 763.44	18 370.26	21 662.45
145 798.41	631 963.02	511 763.55	120 199.47	2 884 650.89
147 560.57	85 629.19	56 544.30	29 084.89	148 538.99
28 980.75	65 788.62	40 466.14	25 322.48	210 633.22
55 765.59	77 945.00	58 219.29	19 725.71	16 089.42
274 571.64	121 465.69	63 035.30	58 430.39	213 015.37
157 076.23	28 970.31	5 955.52	23 014.79	111 395.08
137 258.71	93 973.84	50 006.70	43 967.14	182 767.16
–	350 753.03	347 103.31	3 649.72	9 925.00
197 009.49	81 777.24	60 304.19	21 473.05	80 334.38
51 292.41	31 940.80	20 785.69	11 155.11	43 603.00
19 193.99	17 098.90	7 669.74	9 429.16	843.46
19 112.66	3 168.33	1 412.23	1 756.10	7 560.76
50 858.65	37 335.16	22 666.56	14 668.60	41 104.60

附表 4

2002 年旅游企业主要经济指标(按地区分)

	营业收入 (万元)	利　润 (万元)	税　金 (万元)
合　计	22606623.16	374408.89	801207.79
北　京	3071382.89	80350.66	92827.25
天　津	330210.32	-22306.25	7801.83
河　北	311638.33	-15469.69	13444.11
山　西	241734.11	-3534.94	8461.80
内蒙古	99536.06	-1519.39	4322.54
辽　宁	597119.74	-26625.09	32848.21
吉　林	139521.20	-17705.06	6277.53
黑龙江	222351.45	-17302.17	10524.24
上　海	2078663.76	147349.41	66503.88
江　苏	1489124.27	-27599.64	48450.74
浙　江	1587535.79	33436.20	56128.03
安　徽	341791.19	6770.18	11873.21
福　建	477032.39	9568.44	29356.55
江　西	195879.99	9936.18	8384.33
山　东	1381406.68	-6944.37	25489.62
河　南	301184.48	-10424.95	10867.81
湖　北	461329.72	-6975.63	14983.57
湖　南	317805.42	-2457.82	10559.97
广　东	5872417.65	285384.54	239696.43
广　西	466945.16	-23009.16	15740.36
海　南	281359.88	-31626.70	10884.16
重　庆	329401.90	-11446.29	9807.69
四　川	528523.11	70377.43	17102.52
贵　州	188339.50	-2400.51	7229.67
云　南	472488.11	-27121.51	11361.74
西　藏	30406.73	12174.58	1387.31
陕　西	389392.36	-9100.57	11967.14
甘　肃	135609.95	-1824.40	5549.38
青　海	33092.52	-1627.57	1387.31
宁　夏	26661.59	1099.69	901.75
新　疆	206736.91	-15016.71	9087.11

注:本表中,旅游企业仅包括旅行社、星级饭店、旅游景区(点)、旅游车船公司和其他旅游企经营情况。

全员劳动生产率（万元/人）	人均实现利税（万元/人）	人均实现利润（万元/人）
10.32	0.17	0.37
17.95	0.47	0.54
12.55	−0.85	0.30
5.72	−0.28	0.25
4.77	−0.07	0.17
5.45	−0.08	0.24
6.62	−0.30	0.36
5.25	−0.67	0.24
5.43	−0.42	0.26
18.59	1.32	0.59
12.11	−0.22	0.39
13.55	0.29	0.48
5.20	0.10	0.18
8.23	0.17	0.51
8.30	0.42	0.36
10.12	−0.05	0.19
6.83	−0.24	0.25
7.70	−0.12	0.25
7.21	−0.06	0.24
10.55	0.51	0.43
7.76	−0.38	0.26
8.52	−0.96	0.33
12.38	−0.43	0.37
7.59	1.01	0.25
10.20	−0.13	0.39
8.70	−0.50	0.21
6.82	2.73	0.31
10.23	−0.24	0.31
5.68	−0.08	0.23
5.50	−0.27	0.23
3.61	0.15	0.12
7.29	−0.53	0.32

业等26617家纳入全面统计报表的基层单位，不包括社会旅馆、个体旅馆等其他旅游住宿设施的

一、全国旅游企业综合资料

1－1 全国旅游企业

	固定资产（万元）	营业收入（万元）	利 润（万元）	税 金（万元）
总 计	40 089 887.26	22 606 623.16	374 408.89	801 207.79
（一）旅行社	4 122 465.30	7 106 654.14	119 306.07	79 738.09
国际旅行社	2 890 994.20	4 611 468.80	109 360.93	58 398.86
国内旅行社	1 231 471.10	2 495 185.34	9 945.14	21 339.23
（二）星级饭店	26 723 697.56	9 144 287.34	－303 291.76	486 509.25
内资饭店	18 813 640.10	6 446 967.72	－334 280.24	347 924.59
外资饭店	7 910 057.46	2 697 319.62	30 988.48	138 584.66
（三）旅游景区（点）	5 160 015.61	2 021 936.03	199 291.18	81 845.22
（四）旅游车船公司	1 624 998.38	1 457 912.61	153 575.50	54 099.39
（五）其他旅游企业	2 458 710.41	2 875 833.04	205 527.90	99 015.84

主要经济指标(按行业分)

利润率 (%)	全员劳动生产率 (万元/人)	人均实现利税 (万元/人)	人均实现利润 (万元/人)	人均固定资产原值 (万元/人)	从业人员 (人)	企业数 (家)
1.66	10.32	0.54	0.17	18.31	2 189 507	26 554
1.68	31.01	0.87	0.52	17.99	229 147	11 552
2.37	51.74	1.88	1.23	32.44	89 128	1 349
0.40	17.82	0.22	0.07	8.80	140 019	10 203
−3.32	7.52	0.15	−0.25	21.98	1 216 076	8 880
−5.19	6.39	0.01	−0.33	18.65	1 008 980	8 194
1.15	13.02	0.82	0.15	38.20	207 096	686
9.86	8.62	1.20	0.85	22.01	234 482	3 409
10.53	6.05	0.86	0.64	6.74	241 125	107
7.15	10.70	1.13	0.76	9.15	268 677	2 606

1－2　全国旅游企业

	固定资产（万元）	营业收入（万元）	利　润（万元）	税　金（万元）
总　计	40 089 887.26	22 606 623.16	374 408.89	801 207.79
北　京	5 591 961.45	3 071 382.89	80 350.66	92 827.25
天　津	517 573.82	330 210.32	－22 306.25	7 801.83
河　北	803 988.93	311 638.33	－15 469.69	13 444.11
山　西	482 082.52	241 734.11	－3 534.94	8 461.80
内蒙古	252 909.91	99 536.06	－1 519.39	4 322.54
辽　宁	1 976 497.47	597 119.74	－26 625.09	32 848.21
吉　林	563 231.97	139 521.20	－17 705.06	6 277.53
黑龙江	1 047 597.53	222 351.45	－17 302.17	10 524.24
上　海	3 411 101.22	2 078 663.76	147 349.41	66 503.88
江　苏	2 700 104.82	1 489 124.27	－27 599.64	48 450.74
浙　江	2 498 967.06	1 587 535.79	33 436.20	56 128.03
安　徽	528 417.38	341 791.19	6 770.18	11 873.21
福　建	829 719.02	477 032.39	9 568.44	29 356.55
江　西	346 322.63	195 879.99	9 936.18	8 384.33
山　东	2 355 778.83	1 381 406.68	－6 944.37	25 489.62
河　南	605 052.82	301 184.48	－10 424.95	10 867.81
湖　北	1 060 598.72	461 329.72	－6 975.63	14 983.57
湖　南	499 093.87	317 805.42	－2 457.82	10 559.97
广　东	6 760 687.30	5 872 417.65	285 384.54	239 696.43
广　西	913 436.95	466 945.16	－23 009.16	15 740.36
海　南	1 096 978.37	281 359.88	－31 626.70	10 884.16
重　庆	475 122.06	329 401.90	－11 446.29	9 807.69
四　川	1 162 948.07	528 523.11	70 377.43	17 102.52
贵　州	380 509.47	188 339.50	－2 400.51	7 229.67
云　南	974 392.49	472 488.11	－27 121.51	11 361.74
西　藏	－	30 406.73	12 174.58	1 387.31
陕　西	726 733.52	389 392.36	－9 100.57	11 967.14
甘　肃	353 131.25	135 609.95	－1 824.40	5 549.38
青　海	63 641.55	33 092.52	－1 627.57	1 387.31
宁　夏	100 735.55	26 661.59	1 099.69	901.75
新　疆	547 599.68	206 736.91	－15 016.71	9 087.11

主要经济指标(按地区分)

利润率 (%)	全员劳动生产率 (万元/人)	人均实现利税 (万元/人)	人均实现利润 (万元/人)	人均固定资产原值 (万元/人)	从业人员 (人)	企业数 (家)
1.66	10.32	0.54	0.17	18.31	2 189 507	26 554
2.62	17.95	1.01	0.47	32.69	171 075	1 291
-6.76	12.55	-0.55	-0.85	19.66	26 322	410
-4.96	5.72	-0.04	-0.28	14.76	54 483	911
-1.46	4.77	0.10	-0.07	9.51	50 695	725
-1.53	5.45	0.15	-0.08	13.84	18 280	348
-4.46	6.62	0.07	-0.30	21.92	90 178	1 565
-12.69	5.25	-0.43	-0.67	21.21	26 556	448
-7.78	5.43	-0.17	-0.42	25.56	40 982	604
7.09	18.59	1.91	1.32	30.51	111 809	963
-1.85	12.11	0.17	-0.22	21.95	123 008	1 984
2.11	13.55	0.76	0.29	21.33	117 168	1 750
1.98	5.20	0.28	0.10	8.04	65 688	937
2.01	8.23	0.67	0.17	14.32	57 956	933
5.07	8.30	0.78	0.42	14.68	23 596	524
-0.50	10.12	0.14	-0.05	17.25	136 555	1 776
-3.46	6.83	0.01	-0.24	13.72	44 107	1 026
-1.51	7.70	0.13	-0.12	17.71	59 877	1 158
-0.77	7.21	0.18	-0.06	11.33	44 056	909
4.86	10.55	0.94	0.51	12.14	556 790	2 092
-4.93	7.76	-0.12	-0.38	15.18	60 166	946
-11.24	8.52	-0.63	-0.96	33.21	33 030	366
-3.47	12.38	-0.06	-0.43	17.86	26 599	362
13.32	7.59	1.26	1.01	16.70	69 647	1 277
-1.27	10.20	0.26	-0.13	20.61	18 461	277
-5.74	8.70	-0.29	-0.50	17.95	54 280	1 209
40.04	6.82	3.04	2.73	-	4 461	107
-2.34	10.23	0.08	-0.24	19.10	38 053	520
-1.35	5.68	0.16	-0.08	14.80	23 865	391
-4.92	5.50	-0.04	-0.27	10.59	6 012	156
4.12	3.61	0.27	0.15	13.64	7 383	110
-7.26	7.29	-0.21	-0.53	19.30	28 369	479

1－3 全国旅行社

	固定资产（万元）	营业收入（万元）	利　润（万元）	税　金（万元）
总　计	4 122 465.30	7 106 654.14	119 306.07	79 738.09
北　京	829 427.53	1 376 121.33	32 246.41	18 596.22
天　津	48 413.67	84 789.17	－762.71	540.86
河　北	45 112.00	76 083.43	948.04	490.66
山　西	40 298.48	69 997.69	－24.13	462.94
内蒙古	26 002.54	26 726.06	872.14	504.71
辽　宁	72 849.16	150 210.75	1 062.85	1 498.73
吉　林	87 566.07	38 161.97	1 095.02	308.18
黑龙江	58 486.54	90 663.59	901.47	3 360.28
上　海	272 588.58	699 769.40	11 155.14	5 892.07
江　苏	225 870.15	545 249.33	8 229.00	5 690.97
浙　江	159 740.74	452 224.02	6 494.28	4 418.36
安　徽	47 560.21	96 864.31	585.03	667.92
福　建	203 355.67	261 468.04	1 339.32	2 577.43
江　西	38 910.48	60 584.96	550.87	956.40
山　东	122 303.70	238 298.28	－355.44	1 646.50
河　南	75 999.63	99 629.28	1 828.20	1 053.31
湖　北	108 037.32	168 941.74	3 616.40	1 470.97
湖　南	32 133.70	138 067.42	1 432.18	617.97
广　东	631 963.02	1 209 563.05	23 071.29	15 918.65
广　西	85 629.19	177 883.53	768.65	1 391.20
海　南	65 788.62	119 976.09	1 709.71	2 318.99
重　庆	77 945.00	182 022.44	4 535.03	2 214.05
四　川	121 465.69	176 530.45	－60.34	1 405.33
贵　州	28 970.31	33 806.73	236.02	164.73
云　南	93 973.84	238 994.53	2 598.63	2 182.27
西　藏	－	13 981.73	12 168.58	444.31
陕　西	81 777.24	151 211.56	1 521.46	1 426.51
甘　肃	31 940.80	43 260.54	882.99	531.55
青　海	17 098.90	11 782.86	583.58	233.45
宁　夏	3 168.33	10 633.59	440.77	47.20
新　疆	37 335.16	63 156.27	－364.37	705.37

主要经济指标(按地区分)

利润率 (%)	全员劳动生产率 (万元/人)	人均实现利税 (万元/人)	人均实现利润 (万元/人)	人均固定资产原值 (万元/人)	从业人员 (人)	企业数 (家)
1.68	31.01	0.87	0.52	17.99	229 147	11 552
2.34	88.66	3.28	2.08	53.44	15 522	508
-0.90	16.42	-0.04	-0.15	9.38	5 164	221
1.25	11.35	0.21	0.14	6.73	6 705	524
-0.03	12.50	0.08	0.00	7.19	5 602	325
3.26	12.90	0.66	0.42	12.56	2 071	143
0.71	20.11	0.34	0.14	9.75	7 471	647
2.87	13.53	0.50	0.39	31.04	2 821	194
0.99	19.34	0.91	0.19	12.48	4 687	337
1.59	44.65	1.09	0.71	17.39	15 673	541
1.51	39.38	1.01	0.59	16.31	13 846	844
1.44	35.48	0.86	0.51	12.53	12 745	675
0.60	16.47	0.21	0.10	8.09	5 880	416
0.51	29.12	0.44	0.15	22.65	8 978	421
0.91	13.15	0.33	0.12	8.44	4 608	308
-0.15	17.40	0.09	-0.03	8.93	13 694	1 042
1.84	13.15	0.38	0.24	10.03	7 578	526
2.14	19.78	0.60	0.42	12.65	8 542	342
1.04	17.39	0.26	0.18	4.05	7 938	377
1.91	48.60	1.57	0.93	25.39	24 887	593
0.43	21.33	0.26	0.09	10.27	8 340	318
1.43	29.28	0.98	0.42	16.05	4 098	151
2.49	35.61	1.32	0.89	15.25	5 111	204
-0.03	19.54	0.15	-0.01	13.44	9 036	469
0.70	14.93	0.18	0.10	12.80	2 264	123
1.09	23.48	0.47	0.26	9.23	10 180	411
87.03	18.74	16.91	16.31	-	746	40
1.01	24.96	0.49	0.25	13.50	6 058	281
2.04	14.03	0.46	0.29	10.36	3 083	200
4.95	7.98	0.55	0.40	11.58	1 477	89
4.15	16.01	0.73	0.66	4.77	664	50
-0.58	17.17	0.09	-0.10	10.15	3 678	232

1－4 全国国际旅行社

	固定资产（万元）	营业收入（万元）	利 润（万元）	税 金（万元）
总 计	2 890 994.20	4 611 468.80	109 360.93	58 398.86
北 京	739 410.43	1 193 515.88	33 233.25	17 691.80
天 津	22 039.87	40 356.30	376.81	288.97
河 北	15 636.67	31 101.47	1 107.39	272.35
山 西	15 414.00	27 625.77	249.64	199.04
内蒙古	15 028.93	15 056.17	816.83	443.20
辽 宁	33 033.35	94 705.60	1 463.16	921.16
吉 林	14 396.38	25 753.22	884.67	199.75
黑龙江	32 513.31	58 481.75	1 393.75	2 911.34
上 海	171 616.50	311 894.15	7 727.20	3 494.93
江 苏	105 933.33	321 425.38	3 273.26	1 833.02
浙 江	68 655.37	198 595.68	3 135.37	1 188.83
安 徽	23 698.48	47 153.23	283.76	244.70
福 建	158 941.86	161 547.93	1 110.98	1 829.86
江 西	10 914.76	19 620.78	212.42	171.77
山 东	66 519.55	92 600.61	1 419.49	887.25
河 南	48 847.96	48 161.05	990.17	456.24
湖 北	88 697.49	90 744.45	3 124.17	1 102.03
湖 南	13 763.44	61 409.05	1 146.72	287.26
广 东	511 763.55	992 022.03	22 781.57	14 169.93
广 西	56 544.30	116 598.79	1 338.62	929.78
海 南	40 466.14	65 339.13	975.95	2 088.21
重 庆	58 219.29	126 367.41	4 626.84	1 981.38
四 川	63 035.30	110 613.12	534.46	682.72
贵 州	5 955.52	18 327.80	465.56	93.91
云 南	50 006.70	141 458.61	1 292.19	1 351.68
西 藏	－	12 809.37	12 244.75	405.30
陕 西	60 304.19	107 365.22	1 479.38	1 225.33
甘 肃	20 785.69	27 391.23	700.97	308.01
青 海	7 669.74	6 445.56	499.37	140.12
宁 夏	1 412.23	5 353.58	161.55	28.11
新 疆	22 666.56	41 628.48	310.68	570.88

主要经济指标(按地区分)

利润率 (%)	全员劳动生产率 (万元/人)	人均实现利税 (万元/人)	人均实现利润 (万元/人)	人均固定资产原值 (万元/人)	从业人员 (人)	企业数 (家)
2.37	51.74	1.88	1.23	32.44	89 128	1 349
2.78	110.68	4.72	3.08	68.57	10 783	165
0.93	34.40	0.57	0.32	18.79	1 173	19
3.56	24.28	1.08	0.86	12.21	1 281	30
0.90	23.61	0.38	0.21	13.17	1 170	23
5.43	16.97	1.42	0.92	16.94	887	27
1.54	42.55	1.07	0.66	14.84	2 226	56
3.44	20.59	0.87	0.71	11.51	1 251	41
2.38	25.90	1.91	0.62	14.40	2 258	62
2.48	63.97	2.30	1.58	35.20	4 876	41
1.02	73.87	1.17	0.75	24.35	4 351	69
1.58	64.02	1.39	1.01	22.13	3 102	46
0.60	38.52	0.43	0.23	19.36	1 224	35
0.69	44.79	0.82	0.31	44.06	3 607	38
1.08	24.81	0.49	0.27	13.80	791	21
1.53	44.03	1.10	0.67	31.63	2 103	55
2.06	27.69	0.83	0.57	28.09	1 739	30
3.44	20.55	0.96	0.71	20.09	4 416	31
1.87	24.21	0.57	0.45	5.43	2 536	34
2.30	60.05	2.24	1.38	30.98	16 520	178
1.15	31.81	0.62	0.37	15.42	3 666	50
1.49	33.40	1.57	0.50	20.69	1 956	39
3.66	62.16	3.25	2.28	28.64	2 033	23
0.48	32.30	0.36	0.16	18.40	3 425	49
2.54	25.31	0.77	0.64	8.23	724	12
0.91	38.26	0.72	0.35	13.53	3 697	37
95.59	23.85	23.56	22.80	-	537	20
1.38	37.38	0.94	0.52	21.00	2 872	34
2.56	19.44	0.72	0.50	14.75	1 409	27
7.75	11.87	1.18	0.92	14.12	543	11
3.02	22.59	0.80	0.68	5.96	237	7
0.75	23.99	0.51	0.18	13.06	1 735	39

1－5 全国国内旅行社

	固定资产（万元）	营业收入（万元）	利 润（万元）	税 金（万元）
总 计	1 231 471.10	2 495 185.34	9 945.14	21 339.23
北 京	90 017.10	182 605.45	－986.84	904.42
天 津	26 373.80	44 432.87	－1 139.52	251.89
河 北	29 475.33	44 981.96	－159.35	218.31
山 西	24 884.48	42 371.92	－273.77	263.90
内蒙古	10 973.61	11 669.89	55.31	61.51
辽 宁	39 815.81	55 505.15	－400.31	577.57
吉 林	73 169.69	12 408.75	210.35	108.43
黑龙江	25 973.23	32 181.84	－492.28	448.94
上 海	100 972.08	387 875.25	3 427.94	2 397.14
江 苏	119 936.82	223 823.95	4 955.74	3 857.95
浙 江	91 085.37	253 628.34	3 358.91	3 229.53
安 徽	23 861.73	49 711.08	301.27	423.22
福 建	44 413.81	99 920.11	228.34	747.57
江 西	27 995.72	40 964.18	338.45	784.63
山 东	55 784.15	145 697.67	－1 774.93	759.25
河 南	27 151.67	51 468.23	838.03	597.07
湖 北	19 339.83	78 197.29	492.23	368.94
湖 南	18 370.26	76 658.37	285.46	330.71
广 东	120 199.47	217 541.02	289.72	1 748.72
广 西	29 084.89	61 284.74	－569.97	461.42
海 南	25 322.48	54 636.96	733.76	230.78
重 庆	19 725.71	55 655.03	－91.81	232.67
四 川	58 430.39	65 917.33	－594.80	722.61
贵 州	23 014.79	15 478.93	－229.54	70.82
云 南	43 967.14	97 535.92	1 306.44	830.59
西 藏	3 649.72	1 172.36	－76.17	39.01
陕 西	21 473.05	43 846.34	42.08	201.18
甘 肃	11 155.11	15 869.31	182.02	223.54
青 海	9 429.16	5 337.30	84.21	93.33
宁 夏	1 756.10	5 280.01	279.22	19.09
新 疆	14 668.60	21 527.79	－675.05	134.49

主要经济指标(按地区分)

利润率 (%)	全员劳动生产率 (万元/人)	人均实现利税 (万元/人)	人均实现利润 (万元/人)	人均固定资产原值 (万元/人)	从业人员 (人)	企业数 (家)
0.40	17.82	0.22	0.07	8.80	140 019	10 203
-0.54	38.53	-0.02	-0.21	18.99	4 739	343
-2.56	11.13	-0.22	-0.29	6.61	3 991	202
-0.35	8.29	0.01	-0.03	5.43	5 424	494
-0.65	9.56	0.00	-0.06	5.61	4 432	302
0.47	9.86	0.10	0.05	9.27	1 184	116
-0.72	10.58	0.03	-0.08	7.59	5 245	591
1.70	7.90	0.20	0.13	46.60	1 570	153
-1.53	13.25	-0.02	-0.20	10.69	2 429	275
0.88	35.92	0.54	0.32	9.35	10 797	500
2.21	23.57	0.93	0.52	12.63	9 495	775
1.32	26.30	0.68	0.35	9.45	9 643	629
0.61	10.68	0.16	0.06	5.12	4 656	381
0.23	18.60	0.18	0.04	8.27	5 371	383
0.83	10.73	0.29	0.09	7.33	3 817	287
-1.22	12.57	-0.09	-0.15	4.81	11 591	987
1.63	8.81	0.25	0.14	4.65	5 839	496
0.63	18.95	0.21	0.12	4.69	4 126	311
0.37	14.19	0.11	0.05	3.40	5 402	343
0.13	26.00	0.24	0.03	14.37	8 367	415
-0.93	13.11	-0.02	-0.12	6.22	4 674	268
1.34	25.51	0.45	0.34	11.82	2 142	112
-0.16	18.08	0.05	-0.03	6.41	3 078	181
-0.90	11.75	0.02	-0.11	10.41	5 611	420
-1.48	10.05	-0.10	-0.15	14.94	1 540	111
1.34	15.04	0.33	0.20	6.78	6 483	374
-6.50	5.61	-0.18	-0.36	17.46	209	20
0.10	13.76	0.08	0.01	6.74	3 186	247
1.15	9.48	0.24	0.11	6.66	1 674	173
1.58	5.71	0.19	0.09	10.10	934	78
5.29	12.37	0.70	0.65	4.11	427	43
-3.14	11.08	-0.28	-0.35	7.55	1 943	193

1－6　全国星级饭店

	固定资产（万元）	营业收入（万元）	利　润（万元）	税　金（万元）
总　计	26 723 697.56	9 144 287.34	－303 291.76	486 509.25
北　京	3 878 548.37	1 307 094.06	27 204.68	67 668.17
天　津	353 578.96	109 428.78	－21 208.88	6 103.35
河　北	676 704.85	213 650.83	－17 728.32	12 159.76
山　西	300 633.54	120 653.87	－9 613.76	6 358.24
内蒙古	201 065.11	65 427.43	－3 356.18	3 484.68
辽　宁	1 422 821.15	306 165.36	－50 189.76	16 982.17
吉　林	443 547.10	97 370.18	－19 430.63	5 312.66
黑龙江	604 749.89	106 204.67	－19 683.34	5 935.91
上　海	2 292 374.58	999 339.50	90 819.35	48 125.53
江　苏	1 889 482.61	707 659.73	－49 312.67	34 202.59
浙　江	1 963 855.52	1 010 774.42	4 361.56	47 635.11
安　徽	361 461.86	125 314.22	1 871.73	6 789.11
福　建	572 673.47	186 821.52	2 260.12	14 340.69
江　西	256 753.55	84 418.35	1 633.17	4 852.09
山　东	1 379 464.88	385 320.47	－29 003.07	20 321.74
河　南	465 304.00	168 453.72	－15 320.02	9 139.86
湖　北	774 763.57	226 586.94	－12 833.41	11 857.11
湖　南	445 297.72	177 060.00	－3 836.00	9 819.00
广　东	3 244 073.39	1 421 272.06	－11 760.08	82 518.36
广　西	679 268.77	202 724.03	－29 535.49	10 970.55
海　南	820 556.53	137 605.50	－36 630.30	7 767.90
重　庆	381 087.64	122 945.68	－17 407.50	6 524.00
四　川	828 467.01	203 973.24	－9 652.56	11 146.19
贵　州	240 144.08	81 697.05	－3 465.48	4 026.15
云　南	697 651.49	140 214.06	－34 611.03	7 645.10
西　藏	102 293.00	16 017.00	22.00	917.00
陕　西	564 621.90	181 795.49	－15 134.85	9 885.45
甘　肃	277 587.45	72 736.41	－3 692.10	4 286.58
青　海	45 699.19	21 309.66	－2 211.15	1 153.86
宁　夏	90 006.46	9 817.07	－1 231.77	603.41
新　疆	469 159.92	134 436.04	－14 616.02	7 976.93

主要经济指标(按地区分)

利润率 (%)	全员劳动生产率 (万元/人)	人均实现利税 (万元/人)	人均实现利润 (万元/人)	人均固定资产原值 (万元/人)	从业人员 (人)	企业数 (家)
−3.32	7.52	0.15	−0.25	21.98	1 216 076	8 880
2.08	12.21	0.89	0.25	36.22	107 091	572
−19.38	6.97	−0.96	−1.35	22.52	15 700	81
−8.30	5.18	−0.14	−0.43	16.42	41 213	267
−7.97	3.91	−0.11	−0.31	9.74	30 864	217
−5.13	4.77	0.01	−0.24	14.67	13 709	124
−16.39	6.77	−0.73	−1.11	31.45	45 235	347
−19.96	4.40	−0.64	−0.88	20.06	22 107	158
−18.53	3.86	−0.50	−0.72	21.97	27 523	217
9.09	13.57	1.89	1.23	31.12	73 656	319
−6.97	8.78	−0.19	−0.61	23.44	80 625	575
0.43	10.94	0.56	0.05	21.26	92 375	723
1.49	3.04	0.21	0.05	8.77	41 227	272
1.21	4.17	0.37	0.05	12.77	44 841	284
1.93	5.91	0.45	0.11	17.98	14 276	182
−7.53	5.40	−0.12	−0.41	19.33	71 346	401
−9.09	5.89	−0.22	−0.54	16.26	28 616	308
−5.66	5.41	−0.02	−0.31	18.51	41 847	473
−2.17	5.31	0.18	−0.12	13.35	33 351	319
−0.83	10.05	0.50	−0.08	22.95	141 368	926
−14.57	5.18	−0.47	−0.76	17.37	39 103	258
−26.62	5.44	−1.14	−1.45	32.42	25 310	196
−14.16	6.24	−0.55	−0.88	19.34	19 701	109
−4.73	5.15	0.04	−0.24	20.92	39 597	294
−4.24	7.68	0.05	−0.33	22.59	10 631	82
−24.68	3.89	−0.75	−0.96	19.37	36 026	560
0.14	5.12	0.30	0.01	32.71	3 127	49
−8.33	7.36	−0.21	−0.61	22.84	24 716	178
−5.08	3.98	0.03	−0.20	15.20	18 260	125
−10.38	4.89	−0.24	−0.51	10.48	4 360	39
−12.55	1.80	−0.12	−0.23	16.55	5 440	35
−10.87	5.89	−0.29	−0.64	20.55	22 835	190

1-7 全国内资星级饭店

	固定资产（万元）	营业收入（万元）	利 润（万元）	税 金（万元）
总 计	**18 813 640.10**	**6 446 967.72**	**-334 280.24**	**347 924.59**
北 京	2 094 562.74	601 310.94	-36 582.10	32 287.60
天 津	176 162.51	58 062.80	-10 358.57	3 548.99
河 北	665 097.33	208 164.21	-17 680.32	11 845.89
山 西	267 439.37	115 978.68	-9 181.97	6 114.54
内蒙古	201 065.11	65 427.43	-3 356.18	3 484.68
辽 宁	765 870.95	153 927.89	-33 494.51	8 550.70
吉 林	292 258.76	68 694.93	-14 927.90	3 617.59
黑龙江	478 229.89	87 543.89	-12 862.70	4 857.07
上 海	1 611 156.88	699 729.58	54 041.32	33 927.40
江 苏	1 502 566.32	610 516.52	-42 257.01	29 456.06
浙 江	1 593 994.28	782 132.71	-6 705.47	41 118.95
安 徽	304 301.17	112 364.78	3 054.54	6 141.75
福 建	356 069.11	127 431.32	-1 042.13	10 029.71
江 西	219 719.75	70 849.05	1 416.17	4 117.39
山 东	1 018 837.00	310 762.37	-19 646.35	16 539.42
河 南	427 030.50	160 681.72	-13 648.99	8 728.86
湖 北	726 156.47	210 813.54	-12 044.47	10 860.50
湖 南	354 831.25	141 513.00	-9 062.00	7 665.00
广 东	1 672 744.00	769 912.85	-36 684.18	44 351.10
广 西	442 186.20	148 616.62	-13 638.36	8 261.68
海 南	629 562.46	112 408.52	-17 872.32	6 290.39
重 庆	194 565.64	87 833.77	-4 548.58	4 795.12
四 川	733 448.63	181 993.50	-13 329.74	9 833.18
贵 州	229 758.09	72 993.41	-3 730.01	3 542.52
云 南	514 878.33	109 813.78	-27 268.80	6 082.36
西 藏	102 293.00	16 017.00	22.00	917.00
陕 西	444 601.34	142 382.73	-13 728.59	7 976.36
甘 肃	244 360.45	69 001.41	-3 324.10	4 079.58
青 海	45 699.19	21 309.66	-2 211.15	1 153.86
宁 夏	90 006.46	9 817.07	-1 231.77	603.41
新 疆	414 186.92	118 962.04	-12 396.00	7 145.93

主要经济指标(按地区分)

利润率 (%)	全员劳动生产率 (万元/人)	人均实现利税 (万元/人)	人均实现利润 (万元/人)	人均固定资产原值 (万元/人)	从业人员 (人)	企业数 (家)
−5.19	6.39	0.01	−0.33	18.65	1 008 980	8 194
−6.08	8.48	−0.06	−0.52	29.54	70 914	505
−17.84	5.41	−0.63	−0.97	16.41	10 733	63
−8.49	5.18	−0.15	−0.44	16.55	40 197	263
−7.92	3.87	−0.10	−0.31	8.92	29 995	211
−5.13	4.77	0.01	−0.24	14.67	13 709	124
−21.76	4.95	−0.80	−1.08	24.64	31 077	293
−21.73	3.73	−0.61	−0.81	15.86	18 422	143
−14.69	3.38	−0.31	−0.50	18.45	25 926	213
7.72	11.95	1.50	0.92	27.51	58 571	284
−6.92	8.41	−0.18	−0.58	20.70	72 589	546
−0.86	9.47	0.42	−0.08	19.30	82 603	694
2.72	2.98	0.24	0.08	8.07	37 688	256
−0.82	3.64	0.26	−0.03	10.17	35 022	237
2.00	5.86	0.46	0.12	18.16	12 097	171
−6.32	4.91	−0.05	−0.31	16.11	63 247	376
−8.49	5.89	−0.18	−0.50	15.65	27 290	302
−5.71	5.29	−0.03	−0.30	18.23	39 833	462
−6.40	4.74	−0.05	−0.30	11.88	29 864	303
−4.76	8.59	0.09	−0.41	18.67	89 584	736
−9.18	4.80	−0.17	−0.44	14.28	30 971	229
−15.90	5.13	−0.53	−0.82	28.72	21 924	177
−5.18	5.58	0.02	−0.29	12.37	15 727	101
−7.32	4.94	−0.09	−0.36	19.91	36 838	283
−5.11	7.77	−0.02	−0.40	24.46	9 393	80
−24.83	3.50	−0.68	−0.87	16.41	31 371	542
0.14	5.12	0.30	0.01	32.71	3 127	49
−9.64	6.55	−0.26	−0.63	20.46	21 726	168
−4.82	3.89	0.04	−0.19	13.77	17 742	123
−10.38	4.89	−0.24	−0.51	10.48	4 360	39
−12.55	1.80	−0.12	−0.23	16.55	5 440	35
−10.42	5.66	−0.25	−0.59	19.72	21 000	186

1－8 全国外资星级饭店

	固定资产（万元）	营业收入（万元）	利 润（万元）	税 金（万元）
总 计	**7 910 057.46**	**2 697 319.62**	**30 988.48**	**138 584.66**
北 京	1 783 985.63	705 783.12	63 786.78	35 380.57
天 津	177 416.45	51 365.98	－10 850.31	2 554.36
河 北	11 607.52	5 486.62	－48.00	313.87
山 西	33 194.17	4 675.19	－431.79	243.70
内蒙古	－	－	－	－
辽 宁	656 950.20	152 237.47	－16 695.25	8 431.47
吉 林	151 288.34	28 675.25	－4 502.73	1 695.07
黑龙江	126 520.00	18 660.78	－6 820.64	1 078.84
上 海	681 217.70	299 609.92	36 778.03	14 198.13
江 苏	386 916.29	97 143.21	－7 055.66	4 746.53
浙 江	369 861.24	228 641.71	11 067.03	6 516.16
安 徽	57 160.69	12 949.44	－1 182.81	647.36
福 建	216 604.36	59 390.20	3 302.25	4 310.98
江 西	37 033.80	13 569.30	217.00	734.70
山 东	360 627.88	74 558.10	－9 356.72	3 782.32
河 南	38 273.50	7 772.00	－1 671.03	411.00
湖 北	48 607.10	15 773.40	－788.94	996.61
湖 南	90 466.47	35 547.00	5 226.00	2 154.00
广 东	1 571 329.39	651 359.21	24 924.10	38 167.26
广 西	237 082.57	54 107.41	－15 897.13	2 708.87
海 南	190 994.07	25 196.98	－18 757.98	1 477.51
重 庆	186 522.00	35 111.91	－12 858.92	1 728.88
四 川	95 018.38	21 979.74	3 677.18	1 313.01
贵 州	10 385.99	8 703.64	264.53	483.63
云 南	182 773.16	30 400.28	－7 342.23	1 562.74
西 藏	－	－	－	－
陕 西	120 020.56	39 412.76	－1 406.26	1 909.09
甘 肃	33 227.00	3 735.00	－368.00	207.00
青 海	－	－	－	－
宁 夏	－	－	－	－
新 疆	54 973.00	15 474.00	－2 220.02	831.00

主要经济指标(按地区分)

利润率 (%)	全员劳动生产率 (万元/人)	人均实现利税 (万元/人)	人均实现利润 (万元/人)	人均固定资产原值 (万元/人)	从业人员 (人)	企业数 (家)
1.15	13.02	0.82	0.15	38.20	207 096	686
9.04	19.51	2.74	1.76	49.31	36 177	67
-21.12	10.34	-1.67	-2.18	35.72	4 967	18
-0.87	5.40	0.26	-0.05	11.42	1 016	4
-9.24	5.38	-0.22	-0.50	38.20	869	6
-	-	-	-	-	-	0
-10.97	10.75	-0.58	-1.18	46.40	14 158	54
-15.70	7.78	-0.76	-1.22	41.06	3 685	15
-36.55	11.68	-3.60	-4.27	79.22	1 597	4
12.28	19.86	3.38	2.44	45.16	15 085	35
-7.26	12.09	-0.29	-0.88	48.15	8 036	29
4.84	23.40	1.80	1.13	37.85	9 772	29
-9.13	3.66	-0.15	-0.33	16.15	3 539	16
5.56	6.05	0.78	0.34	22.06	9 819	47
1.60	6.23	0.44	0.10	17.00	2 179	11
-12.55	9.21	-0.69	-1.16	44.53	8 099	25
-21.50	5.86	-0.95	-1.26	28.86	1 326	6
-5.00	7.83	0.10	-0.39	24.13	2 014	11
14.70	10.19	2.12	1.50	25.94	3 487	16
3.83	12.58	1.22	0.48	30.34	51 784	190
-29.38	6.65	-1.62	-1.95	29.15	8 132	29
-74.45	7.44	-5.10	-5.54	56.41	3 386	19
-36.62	8.84	-2.80	-3.24	46.94	3 974	8
16.73	7.97	1.81	1.33	34.44	2 759	11
3.04	7.03	0.60	0.21	8.39	1 238	2
-24.15	6.53	-1.24	-1.58	39.26	4 655	18
-	-	-	-	-	-	0
-3.57	13.18	0.17	-0.47	40.14	2 990	10
-9.85	7.21	-0.31	-0.71	64.14	518	2
-	-	-	-	-	-	0
-	-	-	-	-	-	0
-14.35	8.43	-0.76	-1.21	29.96	1 835	4

1－9 全国其他旅游企业

	固定资产（万元）	营业收入（万元）	利 润（万元）	税 金（万元）
总 计	9 243 724.40	6 355 681.68	558 394.58	234 960.45
北 京	883 985.55	388 167.50	20 899.57	6 562.86
天 津	115 581.19	135 992.37	－334.66	1 157.62
河 北	82 172.08	21 904.07	1 310.59	793.69
山 西	141 150.50	51 082.55	6 102.95	1 640.62
内蒙古	25 842.26	7 382.57	964.65	333.15
辽 宁	480 827.16	140 743.63	22 501.82	14 367.31
吉 林	32 118.80	3 989.05	630.55	656.69
黑龙江	384 361.10	25 483.19	1 479.70	1 228.05
上 海	846 138.06	379 554.86	45 374.92	12 486.28
江 苏	584 752.06	236 215.21	13 484.03	8 557.18
浙 江	375 370.80	124 537.35	22 580.36	4 074.56
安 徽	119 395.31	119 612.66	4 313.42	4 416.18
福 建	53 689.88	28 742.83	5 969.00	12 438.43
江 西	50 658.60	50 876.68	7 752.14	2 575.84
山 东	854 010.25	757 787.93	22 414.14	3 521.38
河 南	63 749.19	33 101.48	3 066.87	674.64
湖 北	177 797.83	65 801.04	2 241.38	1 655.49
湖 南	21 662.45	2 678.00	－54.00	123.00
广 东	2 884 650.89	3 241 582.54	274 073.33	141 259.42
广 西	148 538.99	86 337.60	5 757.68	3 378.61
海 南	210 633.22	23 778.29	3 293.89	797.27
重 庆	16 089.42	24 433.78	1 426.18	1 069.64
四 川	213 015.37	148 019.42	80 090.33	4 551.00
贵 州	111 395.08	72 835.72	828.95	3 038.79
云 南	182 767.16	93 279.52	4 890.89	1 534.37
西 藏	9 925.00	408.00	－16.00	26.00
陕 西	80 334.38	56 385.31	4 512.82	655.18
甘 肃	43 603.00	19 613.00	984.71	731.25
青 海	843.46	－	－	－
宁 夏	7 560.76	6 210.93	1 890.69	251.14
新 疆	41 104.60	9 144.60	－36.32	404.81

主要经济指标(按地区分)

利润率 (%)	全员劳动生产率 (万元/人)	人均实现利税 (万元/人)	人均实现利润 (万元/人)	人均固定资产原值 (万元/人)	从业人员 (人)	企业数 (家)
0.09	8.54	1.07	0.75	12.42	744 284	6 122
0.05	8.01	0.57	0.43	18.24	48 462	211
0.00	24.92	0.15	-0.06	21.18	5 458	108
0.06	3.34	0.32	0.20	12.52	6 565	120
0.12	3.59	0.54	0.43	9.92	14 229	183
0.13	2.95	0.52	0.39	10.34	2 500	81
0.16	3.76	0.98	0.60	12.83	37 472	571
0.16	2.45	0.79	0.39	19.73	1 628	96
0.06	2.91	0.31	0.17	43.82	8 772	50
0.12	16.88	2.57	2.02	37.64	22 480	103
0.06	8.28	0.77	0.47	20.49	28 537	565
0.18	10.34	2.21	1.87	31.16	12 048	352
0.04	6.44	0.47	0.23	6.43	18 581	249
0.21	6.95	4.45	1.44	12.98	4 137	228
0.15	10.80	2.19	1.65	10.75	4 712	34
0.03	14.71	0.50	0.44	16.58	51 515	333
0.09	4.18	0.47	0.39	8.06	7 913	192
0.03	6.94	0.41	0.24	18.74	9 488	343
-0.02	-	0.02	-0.02	7.83	2 767	213
0.08	8.30	1.06	0.70	7.39	390 535	573
0.07	6.79	0.72	0.45	11.67	12 723	370
0.14	6.56	1.13	0.91	58.15	3 622	19
0.06	13.67	1.40	0.80	9.00	1 787	49
0.54	7.04	4.03	3.81	10.14	21 014	514
0.01	13.09	0.69	0.15	20.01	5 566	72
0.05	11.55	0.80	0.61	22.64	8 074	238
-0.04	-	0.02	-0.03	16.88	588	18
0.08	7.75	0.71	0.62	11.04	7 279	61
0.05	7.78	0.68	0.39	17.29	2 522	66
-	-	-	-	4.82	175	28
0.30	4.86	1.67	1.48	5.91	1 279	25
0.00	4.93	0.20	-0.02	22.15	1 856	57

二、分地区旅游企业资料

2－1　北京市旅游

	固定资产（万元）	营业收入（万元）	利　润（万元）	税　金（万元）
总　　计	5 591 961.45	3 071 382.89	80 350.66	92 827.25
(一)旅行社	829 427.53	1 376 121.33	32 246.41	18 596.22
国际旅行社	739 410.43	1 193 515.88	33 233.25	17 691.80
国内旅行社	90 017.10	182 605.45	－986.84	904.42
(二)星级饭店	3 878 548.37	1 307 094.06	27 204.68	67 668.17
内资饭店	2 094 562.74	601 310.94	－36 582.10	32 287.60
外资饭店	1 783 985.63	705 783.12	63 786.78	35 380.57
(三)旅游景区(点)	－	－	－	－
(四)旅游车船公司	276 475.66	71 000.47	4 772.54	1 462.34
(五)其他旅游企业	607 509.89	317 167.03	16 127.03	5 100.52

2－2　天津市旅游

	固定资产（万元）	营业收入（万元）	利　润（万元）	税　金（万元）
总　　计	517 573.82	330 210.32	－22 306.25	7 801.83
(一)旅行社	48 413.67	84 789.17	－762.71	540.86
国际旅行社	22 039.87	40 356.30	376.81	288.97
国内旅行社	26 373.80	44 432.87	－1 139.52	251.89
(二)星级饭店	353 578.96	109 428.78	－21 208.88	6 103.35
内资饭店	176 162.51	58 062.80	－10 358.57	3 548.99
外资饭店	177 416.45	51 365.98	－10 850.31	2 554.36
(三)旅游景区(点)	107 000.96	132 131.50	－99.98	1 000.08
(四)旅游车船公司	8 187.64	2 021.82	－240.81	44.35
(五)其他旅游企业	392.59	1 839.05	6.13	113.19

企业主要经济指标

利润率 (%)	全员劳动生产率 (万元/人)	人均实现利税 (万元/人)	人均实现利润 (万元/人)	人均固定资产原值 (万元/人)	从业人员 (人)	企业数 (家)
2.62	17.95	1.01	0.47	32.69	171 075	1 291
2.34	88.66	3.28	2.08	53.44	15 522	508
2.78	110.68	4.72	3.08	68.57	10 783	165
−0.54	38.53	−0.02	−0.21	18.99	4 739	343
2.08	12.21	0.89	0.25	36.22	107 091	572
−6.08	8.48	−0.06	−0.52	29.54	70 914	505
9.04	19.51	2.74	1.76	49.31	36 177	67
–	–	–	–	–	–	–
6.72	5.26	0.46	0.35	20.48	13 498	9
5.08	9.07	0.61	0.46	17.38	34 964	202

企业主要经济指标

利润率 (%)	全员劳动生产率 (万元/人)	人均实现利税 (万元/人)	人均实现利润 (万元/人)	人均固定资产原值 (万元/人)	从业人员 (人)	企业数 (家)
−6.76	12.55	−0.55	−0.85	19.66	26 322	410
−0.90	16.42	−0.04	−0.15	9.38	5 164	221
0.93	34.40	0.57	0.32	18.79	1 173	19
−2.56	11.13	−0.22	−0.29	6.61	3 991	202
−19.38	6.97	−0.96	−1.35	22.52	15 700	81
−17.84	5.41	−0.63	−0.97	16.41	10 733	63
−21.12	10.34	−1.67	−2.18	35.72	4 967	18
−0.08	27.66	0.19	−0.02	22.40	4 777	96
−11.91	6.59	−0.64	−0.78	26.67	307	2
0.33	4.92	0.32	0.02	1.05	374	10

2－3 河北省旅游

	固定资产（万元）	营业收入（万元）	利 润（万元）	税 金（万元）
总 计	803 988.93	311 638.33	－15 469.69	13 444.11
(一)旅行社	45 112.00	76 083.43	948.04	490.66
国际旅行社	15 636.67	31 101.47	1 107.39	272.35
国内旅行社	29 475.33	44 981.96	－159.35	218.31
(二)星级饭店	676 704.85	213 650.83	－17 728.32	12 159.76
内资饭店	665 097.33	208 164.21	－17 680.32	11 845.89
外资饭店	11 607.52	5 486.62	－48.00	313.87
(三)旅游景区(点)	82 172.08	21 904.07	1 310.59	793.69
(四)旅游车船公司	－	－	－	－
(五)其他旅游企业	－	－	－	－

2－4 山西省旅游

	固定资产（万元）	营业收入（万元）	利 润（万元）	税 金（万元）
总 计	482 082.52	241 734.11	－3 534.94	8 461.80
(一)旅行社	40 298.48	69 997.69	－24.13	462.94
国际旅行社	15 414.00	27 625.77	249.64	199.04
国内旅行社	24 884.48	42 371.92	－273.77	263.90
(二)星级饭店	300 633.54	120 653.87	－9 613.76	6 358.24
内资饭店	267 439.37	115 978.68	－9 181.97	6 114.54
外资饭店	33 194.17	4 675.19	－431.79	243.70
(三)旅游景区(点)	58 051.23	23 624.91	685.85	456.27
(四)旅游车船公司	3 304.77	407.75	－272.28	15.88
(五)其他旅游企业	79 794.50	27 049.89	5 689.38	1 168.47

企业主要经济指标

利润率 （%）	全员劳动生产率 （万元/人）	人均实现利税 （万元/人）	人均实现利润 （万元/人）	人均固定资产原值 （万元/人）	从业人员 （人）	企业数 （家）
−4.96	5.72	−0.04	−0.28	14.76	54 483	911
1.25	11.35	0.21	0.14	6.73	6 705	524
3.56	24.28	1.08	0.86	12.21	1 281	30
−0.35	8.29	0.01	−0.03	5.43	5 424	494
−8.30	5.18	−0.14	−0.43	16.42	41 213	267
−8.49	5.18	−0.15	−0.44	16.55	40 197	263
−0.87	5.40	0.26	−0.05	11.42	1 016	4
5.98	3.34	0.32	0.20	12.52	6 565	64
−	−	−	−	−	−	1
−	−	−	−	−	−	55

企业主要经济指标

利润率 （%）	全员劳动生产率 （万元/人）	人均实现利税 （万元/人）	人均实现利润 （万元/人）	人均固定资产原值 （万元/人）	从业人员 （人）	企业数 （家）
−1.46	4.77	0.10	−0.07	9.51	50 695	725
−0.03	12.50	0.08	0.00	7.19	5 602	325
0.90	23.61	0.38	0.21	13.17	1 170	23
−0.65	9.56	0.00	−0.06	5.61	4 432	302
−7.97	3.91	−0.11	−0.31	9.74	30 864	217
−7.92	3.87	−0.10	−0.31	8.92	29 995	211
−9.24	5.38	−0.22	−0.50	38.20	869	6
2.90	3.61	0.17	0.10	8.87	6 546	105
−66.78	3.09	−1.94	−2.06	25.04	132	2
21.03	3.58	0.91	0.75	10.57	7 551	76

2－5 内蒙古自治区旅游

	固定资产（万元）	营业收入（万元）	利 润（万元）	税 金（万元）
总 计	252 909.91	99 536.06	－1 519.39	4 322.54
（一）旅行社	26 002.54	26 726.06	872.14	504.71
国际旅行社	15 028.93	15 056.17	816.83	443.20
国内旅行社	10 973.61	11 669.89	55.31	61.51
（二）星级饭店	201 065.11	65 427.43	－3 356.18	3 484.68
内资饭店	201 065.11	65 427.43	－3 356.18	3 484.68
外资饭店	－	－	－	－
（三）旅游景区（点）	25 842.26	7 382.57	964.65	333.15
（四）旅游车船公司	－	－	－	－
（五）其他旅游企业	－	－	－	－

2－6 辽宁省旅游

	固定资产（万元）	营业收入（万元）	利 润（万元）	税 金（万元）
总 计	1 976 497.47	597 119.74	－26 625.09	32 848.21
（一）旅行社	72 849.16	150 210.75	1 062.85	1 498.73
国际旅行社	33 033.35	94 705.60	1 463.16	921.16
国内旅行社	39 815.81	55 505.15	－400.31	577.57
（二）星级饭店	1 422 821.15	306 165.36	－50 189.76	16 982.17
内资饭店	765 870.95	153 927.89	－33 494.51	8 550.70
外资饭店	656 950.20	152 237.47	－16 695.25	8 431.47
（三）旅游景区（点）	313 413.77	78 069.73	10 851.31	5 446.09
（四）旅游车船公司	6 635.00	2 057.50	13.00	631.63
（五）其他旅游企业	160 778.39	60 616.40	11 637.51	8 289.59

企业主要经济指标

利润率 (%)	全员劳动生产率 (万元/人)	人均实现利税 (万元/人)	人均实现利润 (万元/人)	人均固定资产原值 (万元/人)	从业人员 (人)	企业数 (家)
−1.53	5.45	0.15	−0.08	13.84	18 280	348
3.26	12.90	0.66	0.42	12.56	2 071	143
5.43	16.97	1.42	0.92	16.94	887	27
0.47	9.86	0.10	0.05	9.27	1 184	116
−5.13	4.77	0.01	−0.24	14.67	13 709	124
−5.13	4.77	0.01	−0.24	14.67	13 709	124
–	–	–	–	–	–	–
13.07	2.95	0.52	0.39	10.34	2 500	66
–	–	–	–	–	–	–
–	–	–	–	–	–	15

企业主要经济指标

利润率 (%)	全员劳动生产率 (万元/人)	人均实现利税 (万元/人)	人均实现利润 (万元/人)	人均固定资产原值 (万元/人)	从业人员 (人)	企业数 (家)
−4.46	6.62	0.07	−0.30	21.92	90 178	1 565
0.71	20.11	0.34	0.14	9.75	7 471	647
1.54	42.55	1.07	0.66	14.84	2 226	56
−0.72	10.58	0.03	−0.08	7.59	5 245	591
−16.39	6.77	−0.73	−1.11	31.45	45 235	347
−21.76	4.95	−0.80	−1.08	24.64	31 077	293
−10.97	10.75	−0.58	−1.18	46.40	14 158	54
13.90	3.26	0.68	0.45	13.11	23 915	375
0.63	3.75	1.18	0.02	12.11	548	8
19.20	4.66	1.53	0.89	12.36	13 009	188

2－7　吉林省旅游

	固定资产（万元）	营业收入（万元）	利　润（万元）	税　金（万元）
总　　计	563 231.97	139 521.20	－17 705.06	6 277.53
（一）旅行社	87 566.07	38 161.97	1 095.02	308.18
国际旅行社	14 396.38	25 753.22	884.67	199.75
国内旅行社	73 169.69	12 408.75	210.35	108.43
（二）星级饭店	443 547.10	97 370.18	－19 430.63	5 312.66
内资饭店	292 258.76	68 694.93	－14 927.90	3 617.59
外资饭店	151 288.34	28 675.25	－4 502.73	1 695.07
（三）旅游景区（点）	28 486.50	3 304.05	571.45	614.49
（四）旅游车船公司	596.00	379.00	59.00	12.00
（五）其他旅游企业	3 036.30	306.00	0.10	30.20

2－8　黑龙江省旅游

	固定资产（万元）	营业收入（万元）	利　润（万元）	税　金（万元）
总　　计	1 047 597.53	222 351.45	－17 302.17	10 524.24
（一）旅行社	58 486.54	90 663.59	901.47	3 360.28
国际旅行社	32 513.31	58 481.75	1 393.75	2 911.34
国内旅行社	25 973.23	32 181.84	－492.28	448.94
（二）星级饭店	604 749.89	106 204.67	－19 683.34	5 935.91
内资饭店	478 229.89	87 543.89	－12 862.70	4 857.07
外资饭店	126 520.00	18 660.78	－6 820.64	1 078.84
（三）旅游景区（点）	293 241.90	15 478.19	520.00	727.85
（四）旅游车船公司	53.00	5.00	－0.30	0.20
（五）其他旅游企业	91 066.20	10 000.00	960.00	500.00

企业主要经济指标

利润率 (%)	全员劳动生产率 (万元/人)	人均实现利税 (万元/人)	人均实现利润 (万元/人)	人均固定资产原值 (万元/人)	从业人员 (人)	企业数 (家)
−12.69	5.25	−0.43	−0.67	21.21	26 556	448
2.87	13.53	0.50	0.39	31.04	2 821	194
3.44	20.59	0.87	0.71	11.51	1 251	41
1.70	7.90	0.20	0.13	46.60	1 570	153
−19.96	4.40	−0.64	−0.88	20.06	22 107	158
−21.73	3.73	−0.61	−0.81	15.86	18 422	143
−15.70	7.78	−0.76	−1.22	41.06	3 685	15
17.30	3.28	1.18	0.57	28.29	1 007	43
15.57	9.72	1.82	1.51	15.28	39	2
0.03	−	0.05	0.00	5.22	582	51

企业主要经济指标

利润率 (%)	全员劳动生产率 (万元/人)	人均实现利税 (万元/人)	人均实现利润 (万元/人)	人均固定资产原值 (万元/人)	从业人员 (人)	企业数 (家)
−7.78	5.43	−0.17	−0.42	25.56	40 982	604
0.99	19.34	0.91	0.19	12.48	4 687	337
2.38	25.90	1.91	0.62	14.40	2 258	62
−1.53	13.25	−0.02	−0.20	10.69	2 429	275
−18.53	3.86	−0.50	−0.72	21.97	27 523	217
−14.69	3.38	−0.31	−0.50	18.45	25 926	213
−36.55	11.68	−3.60	−4.27	79.22	1 597	4
3.36	2.11	0.17	0.07	40.05	7 322	33
−6.00	1.67	−0.03	−0.10	17.67	3	1
9.60	6.91	1.01	0.66	62.93	1 447	16

2－9 上海市旅游

	固定资产 (万元)	营业收入 (万元)	利 润 (万元)	税 金 (万元)
总 计	3 411 101.22	2 078 663.76	147 349.41	66 503.88
(一)旅行社	272 588.58	699 769.40	11 155.14	5 892.07
国际旅行社	171 616.50	311 894.15	7 727.20	3 494.93
国内旅行社	100 972.08	387 875.25	3 427.94	2 397.14
(二)星级饭店	2 292 374.58	999 339.50	90 819.35	48 125.53
内资饭店	1 611 156.88	699 729.58	54 041.32	33 927.40
外资饭店	681 217.70	299 609.92	36 778.03	14 198.13
(三)旅游景区(点)	581 119.83	119 186.68	18 652.90	3 471.78
(四)旅游车船公司	176 221.89	104 731.35	7 670.65	3 526.27
(五)其他旅游企业	88 796.34	155 636.83	19 051.37	5 488.23

2－10 江苏省旅游

	固定资产 (万元)	营业收入 (万元)	利 润 (万元)	税 金 (万元)
总 计	2 700 104.82	1 489 124.27	－27 599.64	48 450.74
(一)旅行社	225 870.15	545 249.33	8 229.00	5 690.97
国际旅行社	105 933.33	321 425.38	3 273.26	1 833.02
国内旅行社	119 936.82	223 823.95	4 955.74	3 857.95
(二)星级饭店	1 889 482.61	707 659.73	－49 312.67	34 202.59
内资饭店	1 502 566.32	610 516.52	－42 257.01	29 456.06
外资饭店	386 916.29	97 143.21	－7 055.66	4 746.53
(三)旅游景区(点)	272 233.63	99 988.24	2 702.02	2 429.22
(四)旅游车船公司	20 766.82	10 873.24	－896.00	319.84
(五)其他旅游企业	291 751.61	125 353.73	11 678.01	5 808.12

企业主要经济指标

利润率 (%)	全员劳动生产率 (万元/人)	人均实现利税 (万元/人)	人均实现利润 (万元/人)	人均固定资产原值 (万元/人)	从业人员 (人)	企业数 (家)
7.09	18.59	1.91	1.32	30.51	111 809	963
1.59	44.65	1.09	0.71	17.39	15 673	541
2.48	63.97	2.30	1.58	35.20	4 876	41
0.88	35.92	0.54	0.32	9.35	10 797	500
9.09	13.57	1.89	1.23	31.12	73 656	319
7.72	11.95	1.50	0.92	27.51	58 571	284
12.28	19.86	3.38	2.44	45.16	15 085	35
15.65	14.52	2.69	2.27	70.78	8 210	56
7.32	10.28	1.10	0.75	17.30	10 189	7
12.24	38.14	6.01	4.67	21.76	4 081	40

企业主要经济指标

利润率 (%)	全员劳动生产率 (万元/人)	人均实现利税 (万元/人)	人均实现利润 (万元/人)	人均固定资产原值 (万元/人)	从业人员 (人)	企业数 (家)
−1.85	12.11	0.17	−0.22	21.95	123 008	1 984
1.51	39.38	1.01	0.59	16.31	13 846	844
1.02	73.87	1.17	0.75	24.35	4 351	69
2.21	23.57	0.93	0.52	12.63	9 495	775
−6.97	8.78	−0.19	−0.61	23.44	80 625	575
−6.92	8.41	−0.18	−0.58	20.70	72 589	546
−7.26	12.09	−0.29	−0.88	48.15	8 036	29
2.70	7.29	0.37	0.20	19.85	13 712	245
−8.24	15.80	−0.84	−1.30	30.18	688	13
9.32	8.87	1.24	0.83	20.64	14 137	307

2－11 浙江省旅游

	固定资产（万元）	营业收入（万元）	利　润（万元）	税　金（万元）
总　计	2 498 967.06	1 587 535.79	33 436.20	56 128.03
（一）旅行社	159 740.74	452 224.02	6 494.28	4 418.36
国际旅行社	68 655.37	198 595.68	3 135.37	1 188.83
国内旅行社	91 085.37	253 628.34	3 358.91	3 229.53
（二）星级饭店	1 963 855.52	1 010 774.42	4 361.56	47 635.11
内资饭店	1 593 994.28	782 132.71	－6 705.47	41 118.95
外资饭店	369 861.24	228 641.71	11 067.03	6 516.16
（三）旅游景区（点）	356 019.32	124 537.35	22 580.36	4 074.56
（四）旅游车船公司	－	－	－	－
（五）其他旅游企业	19 351.48	－	－	－

2－12 安徽省旅游

	固定资产（万元）	营业收入（万元）	利　润（万元）	税　金（万元）
总　计	528 417.38	341 791.19	6 770.18	11 873.21
（一）旅行社	47 560.21	96 864.31	585.03	667.92
国际旅行社	23 698.48	47 153.23	283.76	244.70
国内旅行社	23 861.73	49 711.08	301.27	423.22
（二）星级饭店	361 461.86	125 314.22	1 871.73	6 789.11
内资饭店	304 301.17	112 364.78	3 054.54	6 141.75
外资饭店	57 160.69	12 949.44	－1 182.81	647.36
（三）旅游景区（点）	83 950.61	63 850.55	3 105.84	2 752.32
（四）旅游车船公司	100.00	30.00	－	－
（五）其他旅游企业	35 344.70	55 732.11	1 207.58	1 663.86

企业主要经济指标

利润率 (%)	全员劳动生产率 (万元/人)	人均实现利　税 (万元/人)	人均实现利　润 (万元/人)	人均固定资产原值 (万元/人)	从业人员 (人)	企业数 (家)
2.11	13.55	0.76	0.29	21.33	117 168	1 750
1.44	35.48	0.86	0.51	12.53	12 745	675
1.58	64.02	1.39	1.01	22.13	3 102	46
1.32	26.30	0.68	0.35	9.45	9 643	629
0.43	10.94	0.56	0.05	21.26	92 375	723
−0.86	9.47	0.42	−0.08	19.30	82 603	694
4.84	23.40	1.80	1.13	37.85	9 772	29
18.13	13.98	2.99	2.53	39.95	8 911	175
−	−	−	−	−	−	−
−	−	−	−	6.17	3 137	177

企业主要经济指标

利润率 (%)	全员劳动生产率 (万元/人)	人均实现利　税 (万元/人)	人均实现利　润 (万元/人)	人均固定资产原值 (万元/人)	从业人员 (人)	企业数 (家)
1.98	5.20	0.28	0.10	8.04	65 688	937
0.60	16.47	0.21	0.10	8.09	5 880	416
0.60	38.52	0.43	0.23	19.36	1 224	35
0.61	10.68	0.16	0.06	5.12	4 656	381
1.49	3.04	0.21	0.05	8.77	41 227	272
2.72	2.98	0.24	0.08	8.07	37 688	256
−9.13	3.66	−0.15	−0.33	16.15	3 539	16
4.86	6.15	0.56	0.30	8.08	10 388	171
−	1.50	−	−	5.00	20	1
2.17	6.82	0.35	0.15	4.32	8 173	77

2－13　福建省旅游

	固定资产（万元）	营业收入（万元）	利　润（万元）	税　金（万元）
总　　计	829 719.02	477 032.39	9 568.44	29 356.55
（一）旅行社	203 355.67	261 468.04	1 339.32	2 577.43
国际旅行社	158 941.86	161 547.93	1 110.98	1 829.86
国内旅行社	44 413.81	99 920.11	228.34	747.57
（二）星级饭店	572 673.47	186 821.52	2 260.12	14 340.69
内资饭店	356 069.11	127 431.32	－1 042.13	10 029.71
外资饭店	216 604.36	59 390.20	3 302.25	4 310.98
（三）旅游景区（点）	49 068.90	27 012.23	5 808.99	12 335.83
（四）旅游车船公司	－	－	－	－
（五）其他旅游企业	4 620.98	1 730.60	160.01	102.60

2－14　江西省旅游

	固定资产（万元）	营业收入（万元）	利　润（万元）	税　金（万元）
总　　计	346 322.63	195 879.99	9 936.18	8 384.33
（一）旅行社	38 910.48	60 584.96	550.87	956.40
国际旅行社	10 914.76	19 620.78	212.42	171.77
国内旅行社	27 995.72	40 964.18	338.45	784.63
（二）星级饭店	256 753.55	84 418.35	1 633.17	4 852.09
内资饭店	219 719.75	70 849.05	1 416.17	4 117.39
外资饭店	37 033.80	13 569.30	217.00	734.70
（三）旅游景区（点）	50 658.60	50 876.68	7 752.14	2 575.84
（四）旅游车船公司	－	－	－	－
（五）其他旅游企业	－	－	－	－

企业主要经济指标

利润率 (%)	全员劳动生产率 (万元/人)	人均实现利税 (万元/人)	人均实现利润 (万元/人)	人均固定资产原值 (万元/人)	从业人员 (人)	企业数 (家)
2.01	8.23	0.67	0.17	14.32	57 956	933
0.51	29.12	0.44	0.15	22.65	8 978	421
0.69	44.79	0.82	0.31	44.06	3 607	38
0.23	18.60	0.18	0.04	8.27	5 371	383
1.21	4.17	0.37	0.05	12.77	44 841	284
-0.82	3.64	0.26	-0.03	10.17	35 022	237
5.56	6.05	0.78	0.34	22.06	9 819	47
21.51	7.38	4.96	1.59	13.41	3 659	82
-	-	-	-	-	-	1
9.25	3.62	0.55	0.33	9.67	478	145

企业主要经济指标

利润率 (%)	全员劳动生产率 (万元/人)	人均实现利税 (万元/人)	人均实现利润 (万元/人)	人均固定资产原值 (万元/人)	从业人员 (人)	企业数 (家)
5.07	8.30	0.78	0.42	14.68	23 596	524
0.91	13.15	0.33	0.12	8.44	4 608	308
1.08	24.81	0.49	0.27	13.80	791	21
0.83	10.73	0.29	0.09	7.33	3 817	287
1.93	5.91	0.45	0.11	17.98	14 276	182
2.00	5.86	0.46	0.12	18.16	12 097	171
1.60	6.23	0.44	0.10	17.00	2 179	11
15.24	10.80	2.19	1.65	10.75	4 712	20
-	-	-	-	-	-	-
-	-	-	-	-	-	14

2－15 山东省旅游

	固定资产（万元）	营业收入（万元）	利 润（万元）	税 金（万元）
总 计	2 355 778.83	1 381 406.68	－6 944.37	25 489.62
（一）旅行社	122 303.70	238 298.28	－355.44	1 646.50
国际旅行社	66 519.55	92 600.61	1 419.49	887.25
国内旅行社	55 784.15	145 697.67	－1 774.93	759.25
（二）星级饭店	1 379 464.88	385 320.47	－29 003.07	20 321.74
内资饭店	1 018 837.00	310 762.37	－19 646.35	16 539.42
外资饭店	360 627.88	74 558.10	－9 356.72	3 782.32
（三）旅游景区（点）	555 791.19	287 019.55	13 403.93	2 297.57
（四）旅游车船公司	4 742.87	2 966.17	－25.64	654.12
（五）其他旅游企业	293 476.19	467 802.21	9 035.85	569.69

2－16 河南省旅游

	固定资产（万元）	营业收入（万元）	利 润（万元）	税 金（万元）
总 计	605 052.82	301 184.48	－10 424.95	10 867.81
（一）旅行社	75 999.63	99 629.28	1 828.20	1 053.31
国际旅行社	48 847.96	48 161.05	990.17	456.24
国内旅行社	27 151.67	51 468.23	838.03	597.07
（二）星级饭店	465 304.00	168 453.72	－15 320.02	9 139.86
内资饭店	427 030.50	160 681.72	－13 648.99	8 728.86
外资饭店	38 273.50	7 772.00	－1 671.03	411.00
（三）旅游景区（点）	62 791.19	30 215.28	3 069.17	672.34
（四）旅游车船公司	－	26.20	4.70	2.30
（五）其他旅游企业	958.00	2 860.00	－7.00	0.00

企业主要经济指标

利润率 (%)	全员劳动生产率 (万元/人)	人均实现利税 (万元/人)	人均实现利润 (万元/人)	人均固定资产原值 (万元/人)	从业人员 (人)	企业数 (家)
−0.50	10.12	0.14	−0.05	17.25	136 555	1 776
−0.15	17.40	0.09	−0.03	8.93	13 694	1 042
1.53	44.03	1.10	0.67	31.63	2 103	55
−1.22	12.57	−0.09	−0.15	4.81	11 591	987
−7.53	5.40	−0.12	−0.41	19.33	71 346	401
−6.32	4.91	−0.05	−0.31	16.11	63 247	376
−12.55	9.21	−0.69	−1.16	44.53	8 099	25
4.67	10.15	0.56	0.47	19.65	28 279	175
−0.86	9.79	2.07	−0.08	15.65	303	9
1.93	20.40	0.42	0.39	12.80	22 933	149

企业主要经济指标

利润率 (%)	全员劳动生产率 (万元/人)	人均实现利税 (万元/人)	人均实现利润 (万元/人)	人均固定资产原值 (万元/人)	从业人员 (人)	企业数 (家)
−3.46	6.83	0.01	−0.24	13.72	44 107	1 026
1.84	13.15	0.38	0.24	10.03	7 578	526
2.06	27.69	0.83	0.57	28.09	1 739	30
1.63	8.81	0.25	0.14	4.65	5 839	496
−9.09	5.89	−0.22	−0.54	16.26	28 616	308
−8.49	5.89	−0.18	−0.50	15.65	27 290	302
−21.50	5.86	−0.95	−1.26	28.86	1 326	6
10.16	3.92	0.49	0.40	8.15	7 702	148
17.94	2.02	0.54	0.36	−	13	1
−0.24	14.44	−0.04	−0.04	4.84	198	43

2－17 湖北省旅游

	固定资产（万元）	营业收入（万元）	利 润（万元）	税 金（万元）
总 计	1 060 598.72	461 329.72	－6 975.63	14 983.57
（一）旅行社	108 037.32	168 941.74	3 616.40	1 470.97
国际旅行社	88 697.49	90 744.45	3 124.17	1 102.03
国内旅行社	19 339.83	78 197.29	492.23	368.94
（二）星级饭店	774 763.57	226 586.94	－12 833.41	11 857.11
内资饭店	726 156.47	210 813.54	－12 044.47	10 860.50
外资饭店	48 607.10	15 773.40	－788.94	996.61
（三）旅游景区（点）	175 768.71	65 751.04	2 241.38	1 652.49
（四）旅游车船公司	－	－	－	－
（五）其他旅游企业	2 029.12	50.00	－	3.00

2－18 湖南省旅游

	固定资产（万元）	营业收入（万元）	利 润（万元）	税 金（万元）
总 计	499 093.87	317 805.42	－2 457.82	10 559.97
（一）旅行社	32 133.70	138 067.42	1 432.18	617.97
国际旅行社	13 763.44	61 409.05	1 146.72	287.26
国内旅行社	18 370.26	76 658.37	285.46	330.71
（二）星级饭店	445 297.72	177 060.00	－3 836.00	9 819.00
内资饭店	354 831.25	141 513.00	－9 062.00	7 665.00
外资饭店	90 466.47	35 547.00	5 226.00	2 154.00
（三）旅游景区（点）	21 235.00	2 678.00	－56.00	122.00
（四）旅游车船公司	－	－	－	－
（五）其他旅游企业	427.45	－	2.00	1.00

企业主要经济指标

利润率 (%)	全员劳动生产率 (万元/人)	人均实现利税 (万元/人)	人均实现利润 (万元/人)	人均固定资产原值 (万元/人)	从业人员 (人)	企业数 (家)
-1.51	7.70	0.13	-0.12	17.71	59 877	1 158
2.14	19.78	0.60	0.42	12.65	8 542	342
3.44	20.55	0.96	0.71	20.09	4 416	31
0.63	18.95	0.21	0.12	4.69	4 126	311
-5.66	5.41	-0.02	-0.31	18.51	41 847	473
-5.71	5.29	-0.03	-0.30	18.23	39 833	462
-5.00	7.83	0.10	-0.39	24.13	2 014	11
3.41	7.19	0.43	0.24	19.21	9 150	252
-	-	-	-	-	0	0
-	-	0.01	-	-	338	91

企业主要经济指标

利润率 (%)	全员劳动生产率 (万元/人)	人均实现利税 (万元/人)	人均实现利润 (万元/人)	人均固定资产原值 (万元/人)	从业人员 (人)	企业数 (家)
-0.77	7.21	0.18	-0.06	11.33	44 056	909
1.04	17.39	0.26	0.18	4.05	7 938	377
1.87	24.21	0.57	0.45	5.43	2 536	34
0.37	14.19	0.11	0.05	3.40	5 402	343
-2.17	5.31	0.18	-0.12	13.35	33 351	319
-6.40	4.74	-0.05	-0.30	11.88	29 864	303
14.70	10.19	2.12	1.50	25.94	3 487	16
-2.09	1.02	0.03	-0.02	8.09	2 625	131
-	-	-	-	-	-	-
-	-	0.02	0.01	3.01	142	82

2－19 广东省旅游

	固定资产（万元）	营业收入（万元）	利 润（万元）	税 金（万元）
总 计	6 760 687.30	5 872 417.65	285 384.54	239 696.43
（一）旅行社	631 963.02	1 209 563.05	23 071.29	15 918.65
国际旅行社	511 763.55	992 022.03	22 781.57	14 169.93
国内旅行社	120 199.47	217 541.02	289.72	1 748.72
（二）星级饭店	3 244 073.39	1 421 272.06	－11 760.08	82 518.36
内资饭店	1 672 744.00	769 912.85	－36 684.18	44 351.10
外资饭店	1 571 329.39	651 359.21	24 924.10	38 167.26
（三）旅游景区（点）	1 158 186.59	362 085.73	7 862.80	25 298.77
（四）旅游车船公司	1 118 508.05	1 260 047.03	142 106.84	47 249.99
（五）其他旅游企业	607 956.25	1 619 449.78	124 103.69	68 710.66

2－20 广西壮族自治区旅游

	固定资产（万元）	营业收入（万元）	利 润（万元）	税 金（万元）
总 计	913 436.95	466 945.16	－23 009.16	15 740.36
（一）旅行社	85 629.19	177 883.53	768.65	1 391.20
国际旅行社	56 544.30	116 598.79	1 338.62	929.78
国内旅行社	29 084.89	61 284.74	－569.97	461.42
（二）星级饭店	679 268.77	202 724.03	－29 535.49	10 970.55
内资饭店	442 186.20	148 616.62	－13 638.36	8 261.68
外资饭店	237 082.57	54 107.41	－15 897.13	2 708.87
（三）旅游景区（点）	134 965.64	79 250.49	2 806.19	2 973.07
（四）旅游车船公司	383.00	320.11	69.80	10.78
（五）其他旅游企业	13 190.35	6 767.00	2 881.69	394.76

企业主要经济指标

利润率 (%)	全员劳动生产率 (万元/人)	人均实现利税 (万元/人)	人均实现利润 (万元/人)	人均固定资产原值 (万元/人)	从业人员 (人)	企业数 (家)
4.86	10.55	0.94	0.51	12.14	556 790	2 092
1.91	48.60	1.57	0.93	25.39	24 887	593
2.30	60.05	2.24	1.38	30.98	16 520	178
0.13	26.00	0.24	0.03	14.37	8 367	415
−0.83	10.05	0.50	−0.08	22.95	141 368	926
−4.76	8.59	0.09	−0.41	18.67	89 584	736
3.83	12.58	1.22	0.48	30.34	51 784	190
2.17	10.88	1.00	0.24	34.81	33 276	375
11.28	5.87	0.88	0.66	5.21	214 696	10
7.66	11.36	1.35	0.87	4.26	142 563	188

企业主要经济指标

利润率 (%)	全员劳动生产率 (万元/人)	人均实现利税 (万元/人)	人均实现利润 (万元/人)	人均固定资产原值 (万元/人)	从业人员 (人)	企业数 (家)
−4.93	7.76	−0.12	−0.38	15.18	60 166	946
0.43	21.33	0.26	0.09	10.27	8 340	318
1.15	31.81	0.62	0.37	15.42	3 666	50
−0.93	13.11	−0.02	−0.12	6.22	4 674	268
−14.57	5.18	−0.47	−0.76	17.37	39 103	258
−9.18	4.80	−0.17	−0.44	14.28	30 971	229
−29.38	6.65	−1.62	−1.95	29.15	8 132	29
3.54	8.31	0.61	0.29	14.15	9 539	188
21.81	3.37	0.85	0.73	4.03	95	5
42.58	2.19	1.06	0.93	4.27	3 089	177

2－21 海南省旅游

	固定资产（万元）	营业收入（万元）	利　润（万元）	税　金（万元）
总　　计	1 096 978.37	281 359.88	－31 626.70	10 884.16
（一）旅行社	65 788.62	119 976.09	1 709.71	2 318.99
国际旅行社	40 466.14	65 339.13	975.95	2 088.21
国内旅行社	25 322.48	54 636.96	733.76	230.78
（二）星级饭店	820 556.53	137 605.50	－36 630.30	7 767.90
内资饭店	629 562.46	112 408.52	－17 872.32	6 290.39
外资饭店	190 994.07	25 196.98	－18 757.98	1 477.51
（三）旅游景区（点）	194 028.26	22 229.31	3 477.21	741.37
（四）旅游车船公司	－	－	－	－
（五）其他旅游企业	16 604.96	1 548.98	－183.32	55.90

2－22 重庆市旅游

	固定资产（万元）	营业收入（万元）	利　润（万元）	税　金（万元）
总　　计	475 122.06	329 401.90	－11 446.29	9 807.69
（一）旅行社	77 945.00	182 022.44	4 535.03	2 214.05
国际旅行社	58 219.29	126 367.41	4 626.84	1 981.38
国内旅行社	19 725.71	55 655.03	－91.81	232.67
（二）星级饭店	381 087.64	122 945.68	－17 407.50	6 524.00
内资饭店	194 565.64	87 833.77	－4 548.58	4 795.12
外资饭店	186 522.00	35 111.91	－12 858.92	1 728.88
（三）旅游景区（点）	15 437.60	24 371.78	1 388.18	1 066.04
（四）旅游车船公司	190.00	62.00	38.00	3.60
（五）其他旅游企业	461.82	－	－	－

企业主要经济指标

利润率 (%)	全员劳动 生产率 (万元/人)	人均实现 利　　税 (万元/人)	人均实现 利　　润 (万元/人)	人均固定 资产原值 (万元/人)	从业人员 (人)	企业数 (家)
−11.24	8.52	−0.63	−0.96	33.21	33 030	366
1.43	29.28	0.98	0.42	16.05	4 098	151
1.49	33.40	1.57	0.50	20.69	1 956	39
1.34	25.51	0.45	0.34	11.82	2 142	112
−26.62	5.44	−1.14	−1.45	32.42	25 310	196
−15.90	5.13	−0.53	−0.82	28.72	21 924	177
−74.45	7.44	−5.10	−5.54	56.41	3 386	19
15.64	6.45	1.22	1.01	56.26	3 449	18
−	−	−	−	−	−	−
−11.83	8.95	−0.74	−1.06	95.98	173	1

企业主要经济指标

利润率 (%)	全员劳动 生产率 (万元/人)	人均实现 利　　税 (万元/人)	人均实现 利　　润 (万元/人)	人均固定 资产原值 (万元/人)	从业人员 (人)	企业数 (家)
−3.47	12.38	−0.06	−0.43	17.86	26 599	362
2.49	35.61	1.32	0.89	15.25	5 111	204
3.66	62.16	3.25	2.28	28.64	2 033	23
−0.16	18.08	0.05	−0.03	6.41	3 078	181
−14.16	6.24	−0.55	−0.88	19.34	19 701	109
−5.18	5.58	0.02	−0.29	12.37	15 727	101
−36.62	8.84	−2.80	−3.24	46.94	3 974	8
5.70	15.78	1.59	0.90	10.00	1 544	27
61.29	12.40	8.32	7.60	38.00	5	1
−	−	−	−	1.94	238	21

2－23　四川省旅游

	固定资产（万元）	营业收入（万元）	利　润（万元）	税　金（万元）
总　　计	1 162 948.07	528 523.11	70 377.43	17 102.52
（一）旅行社	121 465.69	176 530.45	－60.34	1 405.33
国际旅行社	63 035.30	110 613.12	534.46	682.72
国内旅行社	58 430.39	65 917.33	－594.80	722.61
（二）星级饭店	828 467.01	203 973.24	－9 652.56	11 146.19
内资饭店	733 448.63	181 993.50	－13 329.74	9 833.18
外资饭店	95 018.38	21 979.74	3 677.18	1 313.01
（三）旅游景区（点）	153 131.48	134 685.90	77 260.96	3 980.33
（四）旅游车船公司	1 347.68	1 592.97	612.98	77.48
（五）其他旅游企业	58 536.21	11 740.55	2 216.39	493.19

2－24　贵州省旅游

	固定资产（万元）	营业收入（万元）	利　润（万元）	税　金（万元）
总　　计	380 509.47	188 339.50	－2 400.51	7 229.67
（一）旅行社	28 970.31	33 806.73	236.02	164.73
国际旅行社	5 955.52	18 327.80	465.56	93.91
国内旅行社	23 014.79	15 478.93	－229.54	70.82
（二）星级饭店	240 144.08	81 697.05	－3 465.48	4 026.15
内资饭店	229 758.09	72 993.41	－3 730.01	3 542.52
外资饭店	10 385.99	8 703.64	264.53	483.63
（三）旅游景区（点）	101 536.80	66 707.36	813.06	2 742.72
（四）旅游车船公司	659.00	369.00	－36.98	36.21
（五）其他旅游企业	9 199.28	5 759.36	52.87	259.86

企业主要经济指标

利润率（%）	全员劳动生产率（万元/人）	人均实现利税（万元/人）	人均实现利润（万元/人）	人均固定资产原值（万元/人）	从业人员（人）	企业数（家）
13.32	7.59	1.26	1.01	16.70	69 647	1 277
−0.03	19.54	0.15	−0.01	13.44	9 036	469
0.48	32.30	0.36	0.16	18.40	3 425	49
−0.90	11.75	0.02	−0.11	10.41	5 611	420
−4.73	5.15	0.04	−0.24	20.92	39 597	294
−7.32	4.94	−0.09	−0.36	19.91	36 838	283
16.73	7.97	1.81	1.33	34.44	2 759	11
57.36	8.45	5.10	4.85	9.61	15 935	257
38.48	3.72	1.61	1.43	3.15	428	23
18.88	2.52	0.58	0.48	12.59	4 651	234

企业主要经济指标

利润率（%）	全员劳动生产率（万元/人）	人均实现利税（万元/人）	人均实现利润（万元/人）	人均固定资产原值（万元/人）	从业人员（人）	企业数（家）
−1.27	10.20	0.26	−0.13	20.61	18 461	277
0.70	14.93	0.18	0.10	12.80	2 264	123
2.54	25.31	0.77	0.64	8.23	724	12
−1.48	10.05	−0.10	−0.15	14.94	1 540	111
−4.24	7.68	0.05	−0.33	22.59	10 631	82
−5.11	7.77	−0.02	−0.40	24.46	9 393	80
3.04	7.03	0.60	0.21	8.39	1 238	2
1.22	14.41	0.77	0.18	21.93	4 629	42
−10.02	12.30	−0.03	−1.23	21.97	30	1
0.92	6.35	0.34	0.06	10.14	907	29

2－25 云南省旅游

	固定资产（万元）	营业收入（万元）	利　润（万元）	税　金（万元）
总　　计	974 392.49	472 488.11	－27 121.51	11 361.74
（一）旅行社	93 973.84	238 994.53	2 598.63	2 182.27
国际旅行社	50 006.70	141 458.61	1 292.19	1 351.68
国内旅行社	43 967.14	97 535.92	1 306.44	830.59
（二）星级饭店	697 651.49	140 214.06	－34 611.03	7 645.10
内资饭店	514 878.33	109 813.78	－27 268.80	6 082.36
外资饭店	182 773.16	30 400.28	－7 342.23	1 562.74
（三）旅游景区（点）	116 128.32	88 997.10	3 929.28	1 274.67
（四）旅游车船公司	－	－	－	－
（五）其他旅游企业	66 638.84	4 282.42	961.61	259.70

2－26 西藏自治区旅游

	固定资产（万元）	营业收入（万元）	利　润（万元）	税　金（万元）
总　　计	－	30 406.73	12 174.58	1 387.31
（一）旅行社	－	13 981.73	12 168.58	444.31
国际旅行社	－	12 809.37	12 244.75	405.30
国内旅行社	3 649.72	1 172.36	－76.17	39.01
（二）星级饭店	102 293.00	16 017.00	22.00	917.00
内资饭店	102 293.00	16 017.00	22.00	917.00
外资饭店	－	－	－	－
（三）旅游景区（点）	9 925.00	408.00	－16.00	26.00
（四）旅游车船公司	－	－	－	－
（五）其他旅游企业	－	－	－	－

企业主要经济指标

利润率 (%)	全员劳动生产率 (万元/人)	人均实现利税 (万元/人)	人均实现利润 (万元/人)	人均固定资产原值 (万元/人)	从业人员 (人)	企业数 (家)
-5.74	8.70	-0.29	-0.50	17.95	54 280	1 209
1.09	23.48	0.47	0.26	9.23	10 180	411
0.91	38.26	0.72	0.35	13.53	3 697	37
1.34	15.04	0.33	0.20	6.78	6 483	374
-24.68	3.89	-0.75	-0.96	19.37	36 026	560
-24.83	3.50	-0.68	-0.87	16.41	31 371	542
-24.15	6.53	-1.24	-1.58	39.26	4 655	18
4.42	25.49	1.49	1.13	33.27	3 491	127
-	-	-	-	-	-	-
22.45	-	0.27	0.21	14.54	4 583	111

企业主要经济指标

利润率 (%)	全员劳动生产率 (万元/人)	人均实现利税 (万元/人)	人均实现利润 (万元/人)	人均固定资产原值 (万元/人)	从业人员 (人)	企业数 (家)
40.04	6.82	3.04	2.73	-	4 461	107
87.03	18.74	16.91	16.31	-	746	40
95.59	23.85	23.56	22.80	-	537	20
-6.50	5.61	-0.18	-0.36	17.46	209	20
0.14	5.12	0.30	0.01	32.71	3 127	49
0.14	5.12	0.30	0.01	32.71	3 127	49
0.00	-	0.00	0.00	-	-	-
-3.92	-	0.02	-0.03	16.88	588	15
0.00	-	0.00	0.00	-	-	-
0.00	-	0.00	0.00	-	-	-

2－27 陕西省旅游

	固定资产 (万元)	营业收入 (万元)	利 润 (万元)	税 金 (万元)
总 计	726 733.52	389 392.36	－9 100.57	11 967.14
(一)旅行社	81 777.24	151 211.56	1 521.46	1 426.51
国际旅行社	60 304.19	107 365.22	1 479.38	1 225.33
国内旅行社	21 473.05	43 846.34	42.08	201.18
(二)星级饭店	564 621.90	181 795.49	－15 134.85	9 885.45
内资饭店	444 601.34	142 382.73	－13 728.59	7 976.36
外资饭店	120 020.56	39 412.76	－1 406.26	1 909.09
(三)旅游景区(点)	79 278.38	56 246.41	4 522.82	651.88
(四)旅游车船公司	－	－	－	－
(五)其他旅游企业	1 056.00	138.90	－10.00	3.30

2－28 甘肃省旅游

	固定资产 (万元)	营业收入 (万元)	利 润 (万元)	税 金 (万元)
总 计	353 131.25	135 609.95	－1 824.40	5 549.38
(一)旅行社	31 940.80	43 260.54	882.99	531.55
国际旅行社	20 785.69	27 391.23	700.97	308.01
国内旅行社	11 155.11	15 869.31	182.02	223.54
(二)星级饭店	277 587.45	72 736.41	－3 692.10	4 286.58
内资饭店	244 360.45	69 001.41	－3 324.10	4 079.58
外资饭店	33 227.00	3 735.00	－368.00	207.00
(三)旅游景区(点)	41 558.00	19 613.00	984.71	731.25
(四)旅游车船公司	－	－	－	－
(五)其他旅游企业	2 045.00	－	－	－

企业主要经济指标

利润率 (%)	全员劳动生产率 (万元/人)	人均实现利税 (万元/人)	人均实现利润 (万元/人)	人均固定资产原值 (万元/人)	从业人员 (人)	企业数 (家)
-2.34	10.23	0.08	-0.24	19.10	38 053	520
1.01	24.96	0.49	0.25	13.50	6 058	281
1.38	37.38	0.94	0.52	21.00	2 872	34
0.10	13.76	0.08	0.01	6.74	3 186	247
-8.33	7.36	-0.21	-0.61	22.84	24 716	178
-9.64	6.55	-0.26	-0.63	20.46	21 726	168
-3.57	13.18	0.17	-0.47	40.14	2 990	10
8.04	7.86	0.72	0.63	11.07	7 160	49
–	–	–	–	–	–	1
-7.20	1.17	-0.06	-0.08	8.87	119	11

企业主要经济指标

利润率 (%)	全员劳动生产率 (万元/人)	人均实现利税 (万元/人)	人均实现利润 (万元/人)	人均固定资产原值 (万元/人)	从业人员 (人)	企业数 (家)
-1.35	5.68	0.16	-0.08	14.80	23 865	391
2.04	14.03	0.46	0.29	10.36	3 083	200
2.56	19.44	0.72	0.50	14.75	1 409	27
1.15	9.48	0.24	0.11	6.66	1 674	173
-5.08	3.98	0.03	-0.20	15.20	18 260	125
-4.82	3.89	0.04	-0.19	13.77	17 742	123
-9.85	7.21	-0.31	-0.71	64.14	518	2
5.02	8.60	0.75	0.43	18.23	2 280	30
–	–	–	–	–	–	4
–	–	–	–	8.45	242	32

2－29 青海省旅游

	固定资产（万元）	营业收入（万元）	利 润（万元）	税 金（万元）
总 计	63 641.55	33 092.52	－1 627.57	1 387.31
(一)旅行社	17 098.90	11 782.86	583.58	233.45
国际旅行社	7 669.74	6 445.56	499.37	140.12
国内旅行社	9 429.16	5 337.30	84.21	93.33
(二)星级饭店	45 699.19	21 309.66	－2 211.15	1 153.86
内资饭店	45 699.19	21 309.66	－2 211.15	1 153.86
外资饭店	－	－	－	－
(三)旅游景区(点)	－	－	－	－
(四)旅游车船公司	－	－	－	－
(五)其他旅游企业	843.46	－	－	－

2－30 宁夏回族自治区旅游

	固定资产（万元）	营业收入（万元）	利 润（万元）	税 金（万元）
总 计	100 735.55	26 661.59	1 099.69	901.75
(一)旅行社	3 168.33	10 633.59	440.77	47.20
国际旅行社	1 412.23	5 353.58	161.55	28.11
国内旅行社	1 756.10	5 280.01	279.22	19.09
(二)星级饭店	90 006.46	9 817.07	－1 231.77	603.41
内资饭店	90 006.46	9 817.07	－1 231.77	603.41
外资饭店	－	－	－	－
(三)旅游景区(点)	6 895.66	6 175.73	1 955.69	250.14
(四)旅游车船公司	255.00	33.00	－22.00	1.00
(五)其他旅游企业	410.10	－	－43.00	－

企业主要经济指标

利润率 (%)	全员劳动生产率 (万元/人)	人均实现利税 (万元/人)	人均实现利润 (万元/人)	人均固定资产原值 (万元/人)	从业人员 (人)	企业数 (家)
-4.92	5.50	-0.04	-0.27	10.59	6 012	156
4.95	7.98	0.55	0.40	11.58	1 477	89
7.75	11.87	1.18	0.92	14.12	543	11
1.58	5.71	0.19	0.09	10.10	934	78
-10.38	4.89	-0.24	-0.51	10.48	4 360	39
-10.38	4.89	-0.24	-0.51	10.48	4 360	39
–	–	–	–	–	–	–
–	–	–	–	–	–	2
–	–	–	–	–	–	–
–	–	–	–	4.82	175	26

企业主要经济指标

利润率 (%)	全员劳动生产率 (万元/人)	人均实现利税 (万元/人)	人均实现利润 (万元/人)	人均固定资产原值 (万元/人)	从业人员 (人)	企业数 (家)
4.12	3.61	0.27	0.15	13.64	7 383	110
4.15	16.01	0.73	0.66	4.77	664	50
3.02	22.59	0.80	0.68	5.96	237	7
5.29	12.37	0.70	0.65	4.11	427	43
-12.55	1.80	-0.12	-0.23	16.55	5 440	35
-12.55	1.80	-0.12	-0.23	16.55	5 440	35
–	–	–	–	–	–	–
31.67	5.36	1.91	1.70	5.98	1 153	12
-66.67	1.65	-1.05	-1.10	12.75	20	1
-1 954.55	–	-0.41	-0.41	3.87	106	12

2－31 新疆维吾尔自治区

	固定资产（万元）	营业收入（万元）	利　润（万元）	税　金（万元）
总　　计	547 599.68	206 736.91	－15 016.71	9 087.11
（一）旅行社	37 335.16	63 156.27	－364.37	705.37
国际旅行社	22 666.56	41 628.48	310.68	570.88
国内旅行社	14 668.60	21 527.79	－675.05	134.49
（二）星级饭店	469 159.92	134 436.04	－14 616.02	7 976.93
内资饭店	414 186.92	118 962.04	－12 396.00	7 145.93
外资饭店	54 973.00	15 474.00	－2 220.02	831.00
（三）旅游景区（点）	32 098.20	8 154.60	241.68	353.41
（四）旅游车船公司	6 572.00	990.00	－278.00	51.40
（五）其他旅游企业	2 434.40	－	－	－

旅游企业主要经济指标

利润率 (%)	全员劳动生产率 (万元/人)	人均实现利税 (万元/人)	人均实现利润 (万元/人)	人均固定资产原值 (万元/人)	从业人员 (人)	企业数 (家)
−7.26	7.29	−0.21	−0.53	19.30	28 369	479
−0.58	17.17	0.09	−0.10	10.15	3 678	232
0.75	23.99	0.51	0.18	13.06	1 735	39
−3.14	11.08	−0.28	−0.35	7.55	1 943	193
−10.87	5.89	−0.29	−0.64	20.55	22 835	190
−10.42	5.66	−0.25	−0.59	19.72	21 000	186
−14.35	8.43	−0.76	−1.21	29.96	1 835	4
2.96	5.59	0.41	0.17	22.02	1 458	30
−28.08	8.92	−2.04	−2.50	59.21	111	4
−	−	−	−	8.48	287	23

三、主要城市综合资料

3－1 主要城市旅游

	固定资产（万元）	营业收入（万元）	利 润（万元）	税 金（万元）
总 计	15 061 701.15	9 821 478.67	205 322.40	367 763.64
（一）旅行社	1 375 221.08	2 819 517.17	40 582.76	31 841.14
国际旅行社	1 011 457.44	2 004 334.26	32 966.48	22 808.93
国内旅行社	363 763.64	815 182.91	7 616.28	9 032.21
（二）星级饭店	9 818 909.46	3 283 595.96	－161 022.98	168 567.11
内资饭店	6 142 273.86	2 063 516.14	－146 477.73	109 713.07
外资饭店	3 676 635.60	1 220 079.82	－14 545.25	58 854.04
（三）旅游景区（点）	1 805 703	736 360	45 136	45 866.76
（四）旅游车船公司	1 131 444	1 263 464	141 760	47 387.79
（五）其他旅游企业	930 423	1 718 541	138 867	74 100.84

企业主要经济指标(按行业分)

利润率 (%)	全员劳动生产率 (万元/人)	人均实现利税 (万元/人)	人均实现利润 (万元/人)	人均固定资产原值 (万元/人)	从业人员 (人)	企业数 (家)
2.09	11.02	0.64	0.23	16.91	890 943	6 420
1.44	36.95	0.95	0.53	18.02	76 302	2 980
1.64	49.94	1.39	0.82	25.20	40 136	474
0.93	22.54	0.46	0.21	10.06	36 166	2 506
−4.90	8.87	0.02	−0.43	26.52	370 267	2 080
−7.10	7.57	−0.13	−0.54	22.53	272 607	1 800
−1.19	12.49	0.45	−0.15	37.65	97 660	280
0.06	10.07	1.24	0.62	24.69	73 125	843
0.11	5.87	0.88	0.66	5.26	215 065	23
0.08	11.00	1.36	0.89	5.96	156 184	494

3－2 主要城市旅游

	固定资产（万元）	营业收入（万元）	税　金（万元）
总　　计	15 061 701.15	9 821 478.67	367 763.64
沈　　阳	544 295.31	182 310.21	7 186.25
大　　连	830 362.95	256 756.50	12 332.02
长　　春	345 998.20	72 206.37	3 178.72
哈 尔 滨	705 266.87	148 886.92	6 047.55
南　　京	614 053.57	482 284.71	12 524.13
无　　锡	490 999.10	255 502.69	7 950.57
苏　　州	757 100.42	321 414.65	14 735.37
杭　　州	916 043.84	696 172.16	20 102.93
宁　　波	372 850.25	216 660.03	8 199.65
黄　　山	93 785.84	66 897.89	1 677.79
福　　州	295 823.68	122 867.79	2 346.11
厦　　门	258 025.00	194 399.71	19 267.69
青　　岛	438 803.50	313 461.24	6 402.73
武　　汉	510 843.39	212 423.77	6 571.33
广　　州	3 335 030.68	3 903 622.17	154 720.01
深　　圳	1 661 209.31	864 029.92	42 056.29
珠　　海	283 030.02	140 733.04	5 051.61
中　　山	167 615.83	115 015.92	4 017.29
桂　　林	351 785.81	229 244.41	6 085.17
海　　口	410 552.59	168 638.43	5 525.74
成　　都	574 213.82	249 550.50	6 559.68
昆　　明	558 755.08	303 317.32	7 301.34
西　　安	545 256.09	305 082.32	7 923.67

企业主要经济指标(按城市分)

全员劳动生产率(万元/人)	人均实现利税(万元/人)	人均固定资产原值(万元/人)	从业人员(人)	企业数(家)
11.02	0.64	16.91	890 943	6 420
9.13	-0.64	27.25	19 973	413
8.07	-0.14	26.11	31 805	412
6.40	-0.42	30.65	11 288	132
7.16	-0.47	33.92	20 790	239
17.24	-0.43	21.95	27 972	527
12.70	0.43	24.41	20 116	250
10.88	0.89	25.64	29 529	335
18.70	1.28	24.61	37 222	403
11.76	0.63	20.25	18 416	253
8.51	-0.06	11.94	7 858	151
8.48	0.11	20.41	14 496	174
12.97	1.86	17.22	14 983	197
15.26	-0.24	21.36	20 545	332
10.89	0.20	26.19	19 508	287
9.27	1.05	7.92	421 285	445
16.66	1.48	32.04	51 849	243
16.44	-0.38	33.07	8 559	116
13.56	-0.17	19.76	8 482	101
11.79	0.06	18.09	19 445	190
12.10	-1.34	29.45	13 942	200
10.20	0.32	23.46	24 477	376
11.74	-0.43	21.63	25 832	386
13.52	0.01	24.16	22 571	258

3-3 主要城市旅行社

	固定资产（万元）	营业收入（万元）	税　金（万元）
总　计	1 375 221.08	2 819 517.17	31 841.14
沈　阳	17 236.25	63 889.15	465.28
大　连	22 763.44	53 766.31	591.98
长　春	10 693.93	18 546.85	83.47
哈尔滨	28 326.29	57 109.75	729.06
南　京	73 509.59	223 949.00	1 548.84
无　锡	42 738.40	86 883.38	507.48
苏　州	42 051.77	60 084.07	2 532.23
杭　州	85 378.51	255 320.66	2 704.87
宁　波	20 000.90	55 402.28	611.43
黄　山	15 015.49	40 673.74	161.31
福　州	61 224.44	99 696.71	997.99
厦　门	78 859.23	91 917.34	684.73
青　岛	33 247.00	75 835.33	623.45
武　汉	80 991.96	107 333.20	886.87
广　州	245 920.71	459 515.47	7 742.45
深　圳	108 994.42	301 130.35	3 507.15
珠　海	67 415.10	54 897.92	504.55
中　山	12 999.39	43 435.11	292.18
桂　林	56 612.26	102 821.04	642.02
海　口	63 741.21	111 458.28	2 299.39
成　都	72 018.46	140 510.98	1 098.11
昆　明	59 681.78	178 558.14	1 255.65
西　安	75 800.55	136 782.11	1 370.65

主要经济指标(按城市分)

全员劳动生产率(万元/人)	人均实现利税(万元/人)	人均固定资产原值(万元/人)	从业人员(人)	企业数(家)
36.95	0.95	18.02	76 302	2 980
32.14	0.46	8.67	1 988	119
19.71	0.41	8.34	2 728	247
16.91	0.28	9.75	1 097	70
22.46	0.42	11.14	2 543	142
48.84	0.48	16.03	4 585	279
46.04	1.15	22.65	1 887	75
30.84	4.31	21.59	1 948	98
41.99	1.12	14.04	6 081	205
40.35	0.93	14.57	1 373	92
22.05	0.11	8.14	1 845	82
44.39	0.53	27.26	2 246	94
37.87	0.71	32.49	2 427	67
22.73	0.16	9.97	3 336	230
20.94	0.68	15.80	5 126	133
56.78	2.06	30.39	8 093	127
75.02	2.74	27.15	4 014	51
40.10	1.34	49.24	1 369	39
47.37	0.10	14.18	917	17
32.18	0.37	17.72	3 195	81
28.81	1.03	16.47	3 869	138
24.37	0.18	12.49	5 766	200
34.62	0.46	11.57	5 157	222
29.03	0.59	16.09	4 712	172

3－4 主要城市国际旅行社

	固定资产(万元)	营业收入(万元)	税　金(万元)
总　计	1 011 457.44	2 004 334.26	22 808.93
沈　阳	11 696.39	49 587.51	376.65
大　连	11 285.16	27 915.94	427.78
长　春	7 701.37	12 899.71	54.97
哈尔滨	15 636.97	43 090.14	694.99
南　京	40 529.28	144 321.19	1 049.02
无　锡	26 953.10	53 935.45	278.11
苏　州	8 374.78	12 019.53	77.22
杭　州	49 393.72	163 923.53	943.92
宁　波	9 942.26	17 931.84	109.56
黄　山	9 946.01	25 072.68	95.20
福　州	48 089.09	73 413.74	816.58
厦　门	71 203.05	58 502.96	464.61
青　岛	18 085.43	30 931.95	384.22
武　汉	72 726.08	76 412.98	747.00
广　州	227 539.83	407 856.10	7 402.31
深　圳	86 304.85	256 378.21	3 156.70
珠　海	62 002.74	42 535.10	271.93
中　山	12 101.56	40 655.93	280.01
桂　林	43 803.39	70 995.09	397.37
海　口	40 466.14	65 339.13	2 088.21
成　都	39 861.44	104 781.13	649.40
昆　明	38 895.33	120 185.83	824.41
西　安	58 919.47	105 648.59	1 218.76

主要经济指标(按城市分)

全员劳动生产率(万元/人)	人均实现利税(万元/人)	人均固定资产原值(万元/人)	从业人员(人)	企业数(家)
49.94	1.39	25.20	40 136	474
47.82	0.75	11.28	1 037	19
38.88	1.73	15.72	718	20
21.22	0.53	12.67	608	14
29.04	1.19	10.54	1 484	29
78.18	1.04	21.96	1 846	25
59.53	1.82	29.75	906	11
63.26	4.94	44.08	190	1
69.75	1.22	21.02	2 350	27
62.05	1.39	34.40	289	5
39.18	0.16	15.54	640	15
63.23	0.65	41.42	1 161	13
54.62	1.43	66.48	1 071	12
50.96	1.61	29.79	607	14
20.44	0.84	19.46	3 738	18
58.88	2.36	32.85	6 927	54
76.99	2.98	25.92	3 330	29
50.22	1.61	73.20	847	13
51.92	0.12	15.46	783	10
46.16	0.75	28.48	1 538	18
33.40	1.57	20.69	1 956	39
33.79	0.40	12.85	3 101	35
52.41	0.68	16.96	2 293	25
38.90	0.99	21.69	2 716	28

3－5　主要城市国内旅行社

	固定资产 （万元）	营业收入 （万元）	税　金 （万元）
总　　计	363 763.64	815 182.91	9 032.21
沈　　阳	5 539.86	14 301.64	88.63
大　　连	11 478.28	25 850.37	164.20
长　　春	2 992.56	5 647.14	28.50
哈 尔 滨	12 689.32	14 019.61	34.07
南　　京	32 980.31	79 627.81	499.82
无　　锡	15 785.30	32 947.93	229.37
苏　　州	33 676.99	48 064.54	2 455.01
杭　　州	35 984.79	91 397.13	1 760.95
宁　　波	10 058.64	37 470.44	501.87
黄　　山	5 069.48	15 601.06	66.11
福　　州	13 135.35	26 282.97	181.41
厦　　门	7 656.18	33 414.38	220.12
青　　岛	15 161.57	44 903.38	239.23
武　　汉	8 265.88	30 920.22	139.87
广　　州	18 380.88	51 659.37	340.14
深　　圳	22 689.57	44 752.14	350.45
珠　　海	5 412.36	12 362.82	232.62
中　　山	897.83	2 779.18	12.17
桂　　林	12 808.87	31 825.95	244.65
海　　口	23 275.07	46 119.15	211.18
成　　都	32 157.02	35 729.85	448.71
昆　　明	20 786.45	58 372.31	431.24
西　　安	16 881.08	31 133.52	151.89

主要经济指标(按城市分)

全员劳动生产率(万元/人)	人均实现利税(万元/人)	人均固定资产原值(万元/人)	从业人员(人)	企业数(家)
22.54	0.46	10.06	36 166	2 506
15.04	0.15	5.83	951	100
12.86	-0.07	5.71	2 010	227
11.55	-0.03	6.12	489	56
13.24	-0.66	11.98	1 059	113
29.07	0.11	12.04	2 739	254
33.59	0.53	16.09	981	64
27.34	4.25	19.16	1 758	97
24.50	1.06	9.64	3 731	178
34.57	0.81	9.28	1 084	87
12.95	0.09	4.21	1 205	67
24.22	0.40	12.11	1 085	81
24.64	0.15	5.65	1 356	55
16.45	-0.16	5.56	2 729	216
22.28	0.26	5.96	1 388	115
44.30	0.31	15.76	1 166	73
65.43	1.61	33.17	684	22
23.68	0.90	10.37	522	26
20.74	-0.04	6.70	134	7
19.21	0.01	7.73	1 657	63
24.11	0.47	12.17	1 913	99
13.41	-0.08	12.07	2 665	165
20.38	0.29	7.26	2 864	197
15.60	0.05	8.46	1 996	144

3－6 主要城市星级饭店

	固定资产（万元）	营业收入（万元）	税 金（万元）
总 计	9 818 909.46	3 283 595.96	168 567.11
沈 阳	527 059.06	118 421.06	6 720.97
大 连	677 734.91	142 630.02	7 778.90
长 春	332 985.27	53 280.52	3 083.25
哈尔滨	448 306.08	68 062.84	4 131.01
南 京	510 667.82	234 893.94	10 067.30
无 锡	291 785.50	114 108.60	5 714.64
苏 州	453 615.72	146 872.58	7 623.83
杭 州	756 396.62	421 221.11	16 398.42
宁 波	335 312.46	149 821.83	7 179.27
黄 山	78 158.14	23 132.52	1 343.29
福 州	229 410.34	18 762.08	1 120.12
厦 门	164 387.19	94 910.87	6 989.86
青 岛	370 375.89	113 320.04	5 668.95
武 汉	367 301.09	95 732.49	5 202.46
广 州	1 217 814.93	534 584.02	28 406.29
深 圳	847 464.66	375 578.45	20 515.58
珠 海	209 511.92	82 891.00	4 388.29
中 山	139 149.11	55 593.49	3 348.80
桂 林	213 715.34	59 979.05	3 057.24
海 口	312 732.49	56 776.64	3 222.50
成 都	473 374.36	104 137.63	5 289.57
昆 明	426 591.92	93 773.35	5 065.25
西 安	435 058.64	125 111.83	6 251.32

主要经济指标(按城市分)

全员劳动生产率(万元/人)	人均实现利税(万元/人)	人均固定资产原值(万元/人)	从业人员(人)	企业数(家)
8.87	0.02	26.52	370 267	2 080
6.58	-0.76	29.31	17 985	105
8.88	-0.96	42.20	16 059	109
5.41	-0.52	33.83	9 842	43
4.86	-0.95	31.99	14 014	74
12.89	-0.81	28.02	18 224	116
8.80	0.03	22.49	12 973	76
9.52	0.19	29.42	15 421	92
14.90	0.92	26.76	28 265	164
9.64	0.48	21.58	15 541	121
4.10	-0.26	13.87	5 636	43
1.63	0.00	19.95	11 499	58
7.96	1.02	13.79	11 917	60
7.87	-0.41	25.72	14 398	81
8.81	-0.09	33.81	10 864	104
10.67	1.02	24.30	50 116	185
10.35	0.91	23.36	36 274	153
12.42	-0.80	31.40	6 673	64
9.55	-0.18	23.91	5 820	35
5.77	-0.75	20.58	10 387	54
6.11	-2.31	33.63	9 299	56
5.92	0.29	26.93	17 576	107
5.13	-1.05	23.35	18 268	117
9.47	-0.39	32.92	13 216	63

3－7 主要城市内资星级饭店

	固定资产（万元）	营业收入（万元）	税 金（万元）
总 计	6 142 273.86	2 063 516.14	109 713.07
沈 阳	342 894.47	65 494.91	3 611.09
大 连	259 375.30	48 803.39	2 733.07
长 春	181 940.93	29 305.33	1 635.26
哈 尔 滨	321 786.08	49 402.06	3 052.17
南 京	385 413.08	212 164.64	8 923.12
无 锡	227 112.21	93 228.42	4 656.78
苏 州	316 380.03	113 335.08	6 015.69
杭 州	540 497.91	253 469.12	13 102.90
宁 波	290 830.41	130 863.89	6 176.20
黄 山	67 210.84	20 304.72	1 177.79
福 州	140 703.82	8 951.52	567.08
厦 门	80 227.19	61 880.67	5 251.78
青 岛	206 426.81	65 111.27	3 355.74
武 汉	321 248.09	80 829.39	4 253.32
广 州	552 385.97	257 651.72	14 213.61
深 圳	373 008.70	176 423.78	9 736.79
珠 海	129 281.12	52 436.98	2 800.80
中 山	119 818.09	34 614.53	2 184.98
桂 林	111 753.64	29 288.15	1 549.30
海 口	197 211.35	44 708.24	2 529.42
成 都	385 444.77	84 044.67	4 234.00
昆 明	272 801.97	64 704.59	3 596.95
西 安	318 521.08	86 499.07	4 355.23

主要经济指标(按城市分)

全员劳动生产率(万元/人)	人均实现利税(万元/人)	人均固定资产原值(万元/人)	从业人员(人)	企业数(家)
7.57	−0.13	22.53	272 607	1 800
5.06	−0.96	26.51	12 936	87
5.95	−1.33	31.61	8 206	81
4.17	−0.69	25.87	7 034	32
3.98	−0.61	25.91	12 417	70
12.64	−0.42	22.96	16 788	113
8.50	0.00	20.70	10 973	70
8.56	−0.21	23.90	13 236	85
10.90	0.49	23.25	23 251	155
9.53	0.63	21.17	13 735	114
4.21	−0.19	13.93	4 826	39
1.07	−0.04	16.86	8 345	44
7.09	0.74	9.20	8 722	50
6.16	−0.27	19.52	10 573	70
8.94	−0.15	35.54	9 038	97
8.63	0.27	18.51	29 844	150
8.58	0.55	18.13	20 569	111
12.83	−0.96	31.63	4 087	54
7.92	−0.30	27.43	4 368	31
4.87	−0.20	18.59	6 013	41
5.84	−0.77	25.78	7 650	50
5.47	0.03	25.07	15 377	99
4.55	−0.97	19.19	14 218	103
8.32	−0.54	30.62	10 401	54

3－8　主要城市外资星级饭店

	固定资产（万元）	营业收入（万元）	税　金（万元）
总　计	3 676 635.60	1 220 079.82	58 854.04
沈　阳	184 164.59	52 926.15	3 109.88
大　连	418 359.61	93 826.63	5 045.83
长　春	151 044.34	23 975.19	1 447.99
哈尔滨	126 520.00	18 660.78	1 078.84
南　京	125 254.74	22 729.30	1 144.18
无　锡	64 673.29	20 880.18	1 057.86
苏　州	137 235.69	33 537.50	1 608.14
杭　州	215 898.71	167 751.99	3 295.52
宁　波	44 482.05	18 957.94	1 003.07
黄　山	10 947.30	2 827.80	165.50
福　州	88 706.52	9 810.56	553.04
厦　门	84 160.00	33 030.20	1 738.08
青　岛	163 949.08	48 208.77	2 313.21
武　汉	46 053.00	14 903.10	949.14
广　州	665 428.96	276 932.30	14 192.68
深　圳	474 455.96	199 154.67	10 778.79
珠　海	80 230.80	30 454.02	1 587.49
中　山	19 331.02	20 978.96	1 163.82
桂　林	101 961.70	30 690.90	1 507.94
海　口	115 521.14	12 068.40	693.08
成　都	87 929.59	20 092.96	1 055.57
昆　明	153 789.95	29 068.76	1 468.30
西　安	116 537.56	38 612.76	1 896.09

主要经济指标(按城市分)

全员劳动生产率(万元/人)	人均实现利税(万元/人)	人均固定资产原值(万元/人)	从业人员(人)	企业数(家)
12.49	0.45	37.65	97 660	280
10.48	−0.26	36.48	5 049	18
11.95	−0.58	53.27	7 853	28
8.54	−0.11	53.79	2 808	11
11.68	−3.60	79.22	1 597	4
15.83	−5.27	87.22	1 436	3
10.44	0.20	32.34	2 000	6
15.35	2.62	62.81	2 185	7
33.46	2.90	43.06	5 014	9
10.50	−0.66	24.63	1 806	7
3.49	−0.70	13.52	810	4
3.11	0.09	28.13	3 154	14
10.34	1.79	26.34	3 195	10
12.60	−0.78	42.86	3 825	11
8.16	0.21	25.22	1 826	7
13.66	2.14	32.83	20 272	35
12.68	1.39	30.21	15 705	42
11.78	−0.56	31.03	2 586	10
14.45	0.15	13.31	1 452	4
7.02	−1.51	23.31	4 374	13
7.32	−9.44	70.06	1 649	6
9.14	2.16	39.99	2 199	8
7.18	−1.34	37.97	4 050	14
13.72	0.16	41.40	2 815	9

3－9 主要城市其他旅游企业

	固定资产 （万元）	营业收入 （万元）	税 金 （万元）
总 计	3 867 570.61	3 718 365.54	167 355.39
沈 阳	－	－	－
大 连	129 864.60	60 360.17	3 961.14
长 春	2 319.00	379.00	12.00
哈尔滨	228 634.50	23 714.33	1 187.48
南 京	29 876.16	23 441.77	907.99
无 锡	156 475.20	54 510.71	1 728.45
苏 州	261 432.93	114 458.00	4 579.31
杭 州	74 268.71	19 630.39	999.64
宁 波	17 536.89	11 435.92	408.95
黄 山	612.21	3 091.63	173.19
福 州	5 188.90	4 409.00	228.00
厦 门	14 778.58	7 571.50	11 593.10
青 岛	35 180.61	124 305.87	110.33
武 汉	62 550.34	9 358.08	482.00
广 州	1 871 295.04	2 909 522.68	118 571.27
深 圳	704 750.23	187 321.12	18 033.56
珠 海	6 103.00	2 944.12	158.77
中 山	15 467.33	15 987.32	376.31
桂 林	81 458.21	66 444.32	2 385.91
海 口	34 078.89	403.51	3.85
成 都	28 821.00	4 901.89	172.00
昆 明	72 481.38	30 985.83	980.44
西 安	34 396.90	43 188.38	301.70

主要经济指标(按城市分)

全员劳动生产率（万元/人）	人均实现利　税（万元/人）	人均固定资产原值（万元/人）	从业人员（人）	企业数（家）
8.37	1.11	8.70	444 374	1 360
–	–	–	–	189
4.64	0.77	9.98	13 018	56
1.09	0.20	6.64	349	19
5.60	0.59	54.01	4 233	23
4.54	0.11	5.79	5 163	132
10.37	1.16	29.77	5 256	99
9.41	1.22	21.50	12 160	145
6.83	5.13	25.82	2 876	34
7.61	1.86	11.68	1 502	40
8.20	2.13	1.62	377	26
5.87	0.53	6.91	751	22
11.85	21.94	23.13	639	70
44.22	0.12	12.52	2 811	21
2.66	0.39	17.78	3 518	50
8.01	1.03	5.15	363 076	133
16.20	2.84	60.96	11 561	39
5.69	0.58	11.80	517	13
9.16	−0.26	8.86	1 745	49
11.33	1.32	13.89	5 863	55
0.52	−1.56	44.03	774	6
4.32	1.37	25.39	1 135	69
12.87	2.38	30.11	2 407	47
9.30	0.55	7.41	4 643	23

四、分城市旅游企业资料

4－1　沈阳市旅游

	固定资产 （万元）	营业收入 （万元）	税　金 （万元）
总　　计	544 295.31	182 310.21	7 186.25
（一）旅行社	17 236.25	63 889.15	465.28
国际旅行社	11 696.39	49 587.51	376.65
国内旅行社	5 539.86	14 301.64	88.63
（二）星级饭店	527 059.06	118 421.06	6 720.97
内资饭店	342 894.47	65 494.91	3 611.09
外资饭店	184 164.59	52 926.15	3 109.88
（三）旅游景区（点）	–	–	–
（四）旅游车船公司	–	–	–
（五）其他旅游企业	–	–	–

4－2　大连市旅游

	固定资产 （万元）	营业收入 （万元）	税　金 （万元）
总　　计	830 362.95	256 756.50	12 332.02
（一）旅行社	22 763.44	53 766.31	591.98
国际旅行社	11 285.16	27 915.94	427.78
国内旅行社	11 478.28	25 850.37	164.20
（二）星级饭店	677 734.91	142 630.02	7 778.90
内资饭店	259 375.30	48 803.39	2 733.07
外资饭店	418 359.61	93 826.63	5 045.83
（三）旅游景区（点）	109 219.10	43 487.17	2 943.14
（四）旅游车船公司	–	–	–
（五）其他旅游企业	20 645.50	16 873.00	1 018.00

企业主要经济指标

全员劳动生产率（万元/人）	人均实现利　税（万元/人）	人均固定资产原值（万元/人）	从业人员（人）	企业数（家）
9.13	－0.64	27.25	19 973	413
32.14	0.46	8.67	1 988	119
47.82	0.75	11.28	1 037	19
15.04	0.15	5.83	951	100
6.58	－0.76	29.31	17 985	105
5.06	－0.96	26.51	12 936	87
10.48	－0.26	36.48	5 049	18
–	–	–	–	149
–	–	–	–	4
–	–	–	–	36

企业主要经济指标

全员劳动生产率（万元/人）	人均实现利　税（万元/人）	人均固定资产原值（万元/人）	从业人员（人）	企业数（家）
8.07	－0.14	26.11	31 805	412
19.71	0.41	8.34	2 728	247
38.88	1.73	15.72	718	20
12.86	－0.07	5.71	2 010	227
8.88	－0.96	42.20	16 059	109
5.95	－1.33	31.61	8 206	81
11.95	－0.58	53.27	7 853	28
3.68	0.63	9.25	11 803	46
–	–	–	–	–
13.89	2.11	16.99	1 215	10

4-3 长春市旅游

	固定资产(万元)	营业收入(万元)	税 金(万元)
总 计	345 998.20	72 206.37	3 178.72
(一)旅行社	10 693.93	18 546.85	83.47
国际旅行社	7 701.37	12 899.71	54.97
国内旅行社	2 992.56	5 647.14	28.50
(二)星级饭店	332 985.27	53 280.52	3 083.25
内资饭店	181 940.93	29 305.33	1 635.26
外资饭店	151 044.34	23 975.19	1 447.99
(三)旅游景区(点)	–	–	–
(四)旅游车船公司	596.00	379.00	12.00
(五)其他旅游企业	1 723.00	–	–

4-4 哈尔滨市旅游

	固定资产(万元)	营业收入(万元)	税 金(万元)
总 计	705 266.87	148 886.92	6 047.55
(一)旅行社	28 326.29	57 109.75	729.06
国际旅行社	15 636.97	43 090.14	694.99
国内旅行社	12 689.32	14 019.61	34.07
(二)星级饭店	448 306.08	68 062.84	4 131.01
内资饭店	321 786.08	49 402.06	3 052.17
外资饭店	126 520.00	18 660.78	1 078.84
(三)旅游景区(点)	138 021.50	13 714.33	687.48
(四)旅游车船公司	–	–	–
(五)其他旅游企业	90 613.00	10 000.00	500.00

企业主要经济指标

全员劳动生产率（万元/人）	人均实现利　税（万元/人）	人均固定资产原值（万元/人）	从业人员（人）	企业数（家）
6.40	−0.42	30.65	11 288	132
16.91	0.28	9.75	1 097	70
21.22	0.53	12.67	608	14
11.55	−0.03	6.12	489	56
5.41	−0.52	33.83	9 842	43
4.17	−0.69	25.87	7 034	32
8.54	−0.11	53.79	2 808	11
–	–	–	–	12
9.72	1.82	15.28	39	1
–	–	5.56	310	6

企业主要经济指标

全员劳动生产率（万元/人）	人均实现利　税（万元/人）	人均固定资产原值（万元/人）	从业人员（人）	企业数（家）
7.16	−0.47	33.92	20 790	239
22.46	0.42	11.14	2 543	142
29.04	1.19	10.54	1 484	29
13.24	−0.66	11.98	1 059	113
4.86	−0.95	31.99	14 014	74
3.98	−0.61	25.91	12 417	70
11.68	−3.60	79.22	1 597	4
4.70	0.35	47.32	2 917	19
–	–	–	–	–
7.60	1.11	68.85	1 316	4

4－5　南京市旅游

	固定资产 (万元)	营业收入 (万元)	税　金 (万元)
总　　计	614 053.57	482 284.71	12 524.13
(一)旅行社	73 509.59	223 949.00	1 548.84
国际旅行社	40 529.28	144 321.19	1 049.02
国内旅行社	32 980.31	79 627.81	499.82
(二)星级饭店	510 667.82	234 893.94	10 067.30
内资饭店	385 413.08	212 164.64	8 923.12
外资饭店	125 254.74	22 729.30	1 144.18
(三)旅游景区(点)	29 054.32	23 402.17	901.59
(四)旅游车船公司	–	–	–
(五)其他旅游企业	821.84	39.60	6.40

4－6　无锡市旅游

	固定资产 (万元)	营业收入 (万元)	税　金 (万元)
总　　计	490 999.10	255 502.69	7 950.57
(一)旅行社	42 738.40	86 883.38	507.48
国际旅行社	26 953.10	53 935.45	278.11
国内旅行社	15 785.30	32 947.93	229.37
(二)星级饭店	291 785.50	114 108.60	5 714.64
内资饭店	227 112.21	93 228.42	4 656.78
外资饭店	64 673.29	20 880.18	1 057.86
(三)旅游景区(点)	128 312.35	35 517.73	917.36
(四)旅游车船公司	7 321.37	1 764.94	92.80
(五)其他旅游企业	20 841.48	17 228.04	718.29

企业主要经济指标

全员劳动生产率（万元/人）	人均实现利　　税（万元/人）	人均固定资产原值（万元/人）	从业人员（人）	企业数（家）
17.24	−0.43	21.95	27 972	527
48.84	0.48	16.03	4 585	279
78.18	1.04	21.96	1 846	25
29.07	0.11	12.04	2 739	254
12.89	−0.81	28.02	18 224	116
12.64	−0.42	22.96	16 788	113
15.83	−5.27	87.22	1 436	3
4.65	0.11	5.77	5 037	74
–	–	–	–	–
–	0.05	6.52	126	58

企业主要经济指标

全员劳动生产率（万元/人）	人均实现利　　税（万元/人）	人均固定资产原值（万元/人）	从业人员（人）	企业数（家）
12.70	0.43	24.41	20 116	250
46.04	1.15	22.65	1 887	75
59.53	1.82	29.75	906	11
33.59	0.53	16.09	981	64
8.80	0.03	22.49	12 973	76
8.50	–	20.70	10 973	70
10.44	0.20	32.34	2 000	6
10.95	1.44	39.55	3 244	30
7.74	−0.66	32.11	228	3
9.66	0.88	11.68	1 784	66

4－7 苏州市旅游

	固定资产（万元）	营业收入（万元）	税　金（万元）
总　　计	757 100.42	321 414.65	14 735.37
（一）旅行社	42 051.77	60 084.07	2 532.23
国际旅行社	8 374.78	12 019.53	77.22
国内旅行社	33 676.99	48 064.54	2 455.01
（二）星级饭店	453 615.72	146 872.58	7 623.83
内资饭店	316 380.03	113 335.08	6 015.69
外资饭店	137 235.69	33 537.50	1 608.14
（三）旅游景区（点）	36 317.13	25 084.29	258.60
（四）旅游车船公司	5 333.00	1 667.00	46.00
（五）其他旅游企业	219 782.80	87 706.71	4 274.71

4－8 杭州市旅游

	固定资产（万元）	营业收入（万元）	税　金（万元）
总　　计	916 043.84	696 172.16	20 102.93
（一）旅行社	85 378.51	255 320.66	2 704.87
国际旅行社	49 393.72	163 923.53	943.92
国内旅行社	35 984.79	91 397.13	1 760.95
（二）星级饭店	756 396.62	421 221.11	16 398.42
内资饭店	540 497.91	253 469.12	13 102.90
外资饭店	215 898.71	167 751.99	3 295.52
（三）旅游景区（点）	73 176.91	19 630.39	999.64
（四）旅游车船公司	–	–	–
（五）其他旅游企业	1 091.80	–	–

企业主要经济指标

全员劳动生产率（万元/人）	人均实现利税（万元/人）	人均固定资产原值（万元/人）	从业人员（人）	企业数（家）
10.88	0.89	25.64	29 529	335
30.84	4.31	21.59	1 948	98
63.26	4.94	44.08	190	1
27.34	4.25	19.16	1 758	97
9.52	0.19	29.42	15 421	92
8.56	−0.21	23.90	13 236	85
15.35	2.62	62.81	2 185	7
9.86	0.01	14.27	2 545	57
10.82	−1.27	34.63	154	3
9.27	1.59	23.23	9 461	85

企业主要经济指标

全员劳动生产率（万元/人）	人均实现利税（万元/人）	人均固定资产原值（万元/人）	从业人员（人）	企业数（家）
18.70	1.28	24.61	37 222	403
41.99	1.12	14.04	6 081	205
69.75	1.22	21.02	2 350	27
24.50	1.06	9.64	3 731	178
14.90	0.92	26.76	28 265	164
10.90	0.49	23.25	23 251	155
33.46	2.90	43.06	5 014	9
6.98	5.25	26.02	2 812	16
–	–	–	–	–
–	–	17.06	64	18

4－9 宁波市旅游

	固定资产（万元）	营业收入（万元）	税　金（万元）
总　　计	372 850.25	216 660.03	8 199.65
（一）旅行社	20 000.90	55 402.28	611.43
国际旅行社	9 942.26	17 931.84	109.56
国内旅行社	10 058.64	37 470.44	501.87
（二）星级饭店	335 312.46	149 821.83	7 179.27
内资饭店	290 830.41	130 863.89	6 176.20
外资饭店	44 482.05	18 957.94	1 003.07
（三）旅游景区（点）	15 809.33	11 435.92	408.95
（四）旅游车船公司	－	－	－
（五）其他旅游企业	1 727.56	－	－

4－10 黄山市旅游

	固定资产（万元）	营业收入（万元）	税　金（万元）
总　　计	93 785.84	66 897.89	1 677.79
（一）旅行社	15 015.49	40 673.74	161.31
国际旅行社	9 946.01	25 072.68	95.20
国内旅行社	5 069.48	15 601.06	66.11
（二）星级饭店	78 158.14	23 132.52	1 343.29
内资饭店	67 210.84	20 304.72	1 177.79
外资饭店	10 947.30	2 827.80	165.50
（三）旅游景区（点）	60.64	2 394.63	88.67
（四）旅游车船公司	－	－	－
（五）其他旅游企业	551.57	697.00	84.52

企业主要经济指标

全员劳动生产率(万元/人)	人均实现利税(万元/人)	人均固定资产原值(万元/人)	从业人员(人)	企业数(家)
11.76	0.63	20.25	18 416	253
40.35	0.93	14.57	1 373	92
62.05	1.39	34.40	289	5
34.57	0.81	9.28	1 084	87
9.64	0.48	21.58	15 541	121
9.53	0.63	21.17	13 735	114
10.50	−0.66	24.63	1 806	7
9.01	2.20	12.46	1 269	21
–	–	–	–	–
–	–	7.41	233	19

企业主要经济指标

全员劳动生产率(万元/人)	人均实现利税(万元/人)	人均固定资产原值(万元/人)	从业人员(人)	企业数(家)
8.51	−0.06	11.94	7 858	151
22.05	0.11	8.14	1 845	82
39.18	0.16	15.54	640	15
12.95	0.09	4.21	1 205	67
4.10	−0.26	13.87	5 636	43
4.21	−0.19	13.93	4 826	39
3.49	−0.70	13.52	810	4
58.41	17.01	1.48	41	20
–	–	–	–	–
2.07	0.31	1.64	336	6

4－11　福州市旅游

	固定资产 （万元）	营业收入 （万元）	税　金 （万元）
总　计	295 823.68	122 867.79	2 346.11
（一）旅行社	61 224.44	99 696.71	997.99
国际旅行社	48 089.09	73 413.74	816.58
国内旅行社	13 135.35	26 282.97	181.41
（二）星级饭店	229 410.34	18 762.08	1 120.12
内资饭店	140 703.82	8 951.52	567.08
外资饭店	88 706.52	9 810.56	553.04
（三）旅游景区（点）	5 188.90	4 409.00	228.00
（四）旅游车船公司	–	–	–
（五）其他旅游企业	–	–	–

4－12　厦门市旅游

	固定资产 （万元）	营业收入 （万元）	税　金 （万元）
总　计	258 025.00	194 399.71	19 267.69
（一）旅行社	78 859.23	91 917.34	684.73
国际旅行社	71 203.05	58 502.96	464.61
国内旅行社	7 656.18	33 414.38	220.12
（二）星级饭店	164 387.19	94 910.87	6 989.86
内资饭店	80 227.19	61 880.67	5 251.78
外资饭店	84 160.00	33 030.20	1 738.08
（三）旅游景区（点）	14 778.58	7 571.50	11 593.10
（四）旅游车船公司	–	–	–
（五）其他旅游企业	–	–	–

企业主要经济指标

全员劳动生产率（万元/人）	人均实现利税（万元/人）	人均固定资产原值（万元/人）	从业人员（人）	企业数（家）
8.48	0.11	20.41	14 496	174
44.39	0.53	27.26	2 246	94
63.23	0.65	41.42	1 161	13
24.22	0.40	12.11	1 085	81
1.63	0.00	19.95	11 499	58
1.07	−0.04	16.86	8 345	44
3.11	0.09	28.13	3 154	14
5.87	0.53	6.91	751	16
−	−	−	−	−
−	−	−	−	6

企业主要经济指标

全员劳动生产率（万元/人）	人均实现利税（万元/人）	人均固定资产原值（万元/人）	从业人员（人）	企业数（家）
12.97	1.86	17.22	14 983	197
37.87	0.71	32.49	2 427	67
54.62	1.43	66.48	1 071	12
24.64	0.15	5.65	1 356	55
7.96	1.02	13.79	11 917	60
7.09	0.74	9.20	8 722	50
10.34	1.79	26.34	3 195	10
11.85	21.94	23.13	639	17
−	−	−	−	1
−	−	−	−	52

4－13 青岛市旅游

	固定资产 （万元）	营业收入 （万元）	税　金 （万元）
总　　计	438 803.50	313 461.24	6 402.73
（一）旅行社	33 247.00	75 835.33	623.45
国际旅行社	18 085.43	30 931.95	384.22
国内旅行社	15 161.57	44 903.38	239.23
（二）星级饭店	370 375.89	113 320.04	5 668.95
内资饭店	206 426.81	65 111.27	3 355.74
外资饭店	163 949.08	48 208.77	2 313.21
（三）旅游景区（点）	34 217.61	124 305.87	110.33
（四）旅游车船公司	－	－	－
（五）其他旅游企业	963.00	－	－

4－14 武汉市旅游

	固定资产 （万元）	营业收入 （万元）	税　金 （万元）
总　　计	510 843.39	212 423.77	6 571.33
（一）旅行社	80 991.96	107 333.20	886.87
国际旅行社	72 726.08	76 412.98	747.00
国内旅行社	8 265.88	30 920.22	139.87
（二）星级饭店	367 301.09	95 732.49	5 202.46
内资饭店	321 248.09	80 829.39	4 253.32
外资饭店	46 053.00	14 903.10	949.14
（三）旅游景区（点）	62 025.49	9 358.08	482.00
（四）旅游车船公司	－	－	－
（五）其他旅游企业	524.85	－	－

企业主要经济指标

全员劳动生产率（万元/人）	人均实现利税（万元/人）	人均固定资产原值（万元/人）	从业人员（人）	企业数（家）
15.26	−0.24	21.36	20 545	332
22.73	0.16	9.97	3 336	230
50.96	1.61	29.79	607	14
16.45	−0.16	5.56	2 729	216
7.87	−0.41	25.72	14 398	81
6.16	−0.27	19.52	10 573	70
12.60	−0.78	42.86	3 825	11
46.14	0.13	12.70	2 694	14
–	–	–	–	–
–	–	8.23	117	7

企业主要经济指标

全员劳动生产率（万元/人）	人均实现利税（万元/人）	人均固定资产原值（万元/人）	从业人员（人）	企业数（家）
10.89	0.20	26.19	19 508	287
20.94	0.68	15.80	5 126	133
20.44	0.84	19.46	3 738	18
22.28	0.26	5.96	1 388	115
8.81	−0.09	33.81	10 864	104
8.94	−0.15	35.54	9 038	97
8.16	0.21	25.22	1 826	7
2.69	0.39	17.83	3 478	49
–	–	–	–	–
–	–	13.12	40	1

4－15 广州市旅游

	固定资产 (万元)	营业收入 (万元)	税 金 (万元)
总 计	3 335 030.68	3 903 622.17	154 720.01
(一)旅行社	245 920.71	459 515.47	7 742.45
国际旅行社	227 539.83	407 856.10	7 402.31
国内旅行社	18 380.88	51 659.37	340.14
(二)星级饭店	1 217 814.93	534 584.02	28 406.29
内资饭店	552 385.97	257 651.72	14 213.61
外资饭店	665 428.96	276 932.30	14 192.68
(三)旅游景区(点)	223 955.92	82 922.54	4 294.99
(四)旅游车船公司	1 118 194.06	1 259 653.10	47 236.99
(五)其他旅游企业	529 145.06	1 566 947.04	67 039.29

4－16 深圳市旅游

	固定资产 (万元)	营业收入 (万元)	税 金 (万元)
总 计	1 661 209.31	864 029.92	42 056.29
(一)旅行社	108 994.42	301 130.35	3 507.15
国际旅行社	86 304.85	256 378.21	3 156.70
国内旅行社	22 689.57	44 752.14	350.45
(二)星级饭店	847 464.66	375 578.45	20 515.58
内资饭店	373 008.70	176 423.78	9 736.79
外资饭店	474 455.96	199 154.67	10 778.79
(三)旅游景区(点)	704 750.23	187 321.12	18 033.56
(四)旅游车船公司	–	–	–
(五)其他旅游企业	–	–	–

企业主要经济指标

全员劳动生产率（万元/人）	人均实现利税（万元/人）	人均固定资产原值（万元/人）	从业人员（人）	企业数（家）
9.27	1.05	7.92	421 285	445
56.78	2.06	30.39	8 093	127
58.88	2.36	32.85	6 927	54
44.30	0.31	15.76	1 166	73
10.67	1.02	24.30	50 116	185
8.63	0.27	18.51	29 844	150
13.66	2.14	32.83	20 272	35
8.19	−0.15	22.13	10 122	98
5.87	0.88	5.21	214 644	5
11.33	1.36	3.83	138 310	30

企业主要经济指标

全员劳动生产率（万元/人）	人均实现利税（万元/人）	人均固定资产原值（万元/人）	从业人员（人）	企业数（家）
16.66	1.48	32.04	51 849	243
75.02	2.74	27.15	4 014	51
76.99	2.98	25.92	3 330	29
65.43	1.61	33.17	684	22
10.35	0.91	23.36	36 274	153
8.58	0.55	18.13	20 569	111
12.68	1.39	30.21	15 705	42
16.20	2.84	60.96	11 561	37
–	–	–	–	–
–	–	–	–	2

4－17 珠海市旅游

	固定资产 (万元)	营业收入 (万元)	税 金 (万元)
总 计	283 030.02	140 733.04	5 051.61
(一)旅行社	67 415.10	54 897.92	504.55
国际旅行社	62 002.74	42 535.10	271.93
国内旅行社	5 412.36	12 362.82	232.62
(二)星级饭店	209 511.92	82 891.00	4 388.29
内资饭店	129 281.12	52 436.98	2 800.80
外资饭店	80 230.80	30 454.02	1 587.49
(三)旅游景区(点)	3 103.00	2 944.12	158.77
(四)旅游车船公司	–	–	–
(五)其他旅游企业	3 000.00	–	–

4－18 中山市旅游

	固定资产 (万元)	营业收入 (万元)	税 金 (万元)
总 计	167 615.83	115 015.92	4 017.29
(一)旅行社	12 999.39	43 435.11	292.18
国际旅行社	12 101.56	40 655.93	280.01
国内旅行社	897.83	2 779.18	12.17
(二)星级饭店	139 149.11	55 593.49	3 348.80
内资饭店	119 818.09	34 614.53	2 184.98
外资饭店	19 331.02	20 978.96	1 163.82
(三)旅游景区(点)	15 150.33	5 461.32	287.31
(四)旅游车船公司	–	–	–
(五)其他旅游企业	317.00	10 526.00	89.00

企业主要经济指标

全员劳动生产率（万元/人）	人均实现利税（万元/人）	人均固定资产原值（万元/人）	从业人员（人）	企业数（家）
16.44	−0.38	33.07	8 559	116
40.10	1.34	49.24	1 369	39
50.22	1.61	73.20	847	13
23.68	0.90	10.37	522	26
12.42	−0.80	31.40	6 673	64
12.83	−0.96	31.63	4 087	54
11.78	−0.56	31.03	2 586	10
5.89	0.60	6.21	500	12
–	–	–	–	–
–	–	176.47	17	1

企业主要经济指标

全员劳动生产率（万元/人）	人均实现利税（万元/人）	人均固定资产原值（万元/人）	从业人员（人）	企业数（家）
13.56	−0.17	19.76	8 482	101
47.37	0.10	14.18	917	17
51.92	0.12	15.46	783	10
20.74	−0.04	6.70	134	7
9.55	−0.18	23.91	5 820	35
7.92	−0.30	27.43	4 368	31
14.45	0.15	13.31	1 452	4
3.87	−0.41	10.74	1 410	22
–	–	–	–	3
31.42	0.36	0.95	335	24

4－19　桂林市旅游

	固定资产 (万元)	营业收入 (万元)	税　金 (万元)
总　　计	351 785.81	229 244.41	6 085.17
(一)旅行社	56 612.26	102 821.04	642.02
国际旅行社	43 803.39	70 995.09	397.37
国内旅行社	12 808.87	31 825.95	244.65
(二)星级饭店	213 715.34	59 979.05	3 057.24
内资饭店	111 753.64	29 288.15	1 549.30
外资饭店	101 961.70	30 690.90	1 507.94
(三)旅游景区(点)	71 650.11	62 822.56	2 187.28
(四)旅游车船公司	－	－	－
(五)其他旅游企业	9 808.10	3 621.76	198.63

4－20　海口市旅游

	固定资产 (万元)	营业收入 (万元)	税　金 (万元)
总　　计	410 552.59	168 638.43	5 525.74
(一)旅行社	63 741.21	111 458.28	2 299.39
国际旅行社	40 466.14	65 339.13	2 088.21
国内旅行社	23 275.07	46 119.15	211.18
(二)星级饭店	312 732.49	56 776.64	3 222.50
内资饭店	197 211.35	44 708.24	2 529.42
外资饭店	115 521.14	12 068.40	693.08
(三)旅游景区(点)	34 078.89	403.51	3.85
(四)旅游车船公司	－	－	－
(五)其他旅游企业	－	－	－

企业主要经济指标

全员劳动生产率（万元/人）	人均实现利税（万元/人）	人均固定资产原值（万元/人）	从业人员（人）	企业数（家）
11.79	0.06	18.09	19 445	190
32.18	0.37	17.72	3 195	81
46.16	0.75	28.48	1 538	18
19.21	0.01	7.73	1 657	63
5.77	−0.75	20.58	10 387	54
4.87	−0.20	18.59	6 013	41
7.02	−1.51	23.31	4 374	13
14.01	1.05	15.98	4 484	38
–	–	–	–	–
2.63	2.21	7.11	1 379	17

企业主要经济指标

全员劳动生产率（万元/人）	人均实现利税（万元/人）	人均固定资产原值（万元/人）	从业人员（人）	企业数（家）
12.10	−1.34	29.45	13 942	200
28.81	1.03	16.47	3 869	138
33.40	1.57	20.69	1 956	39
24.11	0.47	12.17	1 913	99
6.11	−2.31	33.63	9 299	56
5.84	−0.77	25.78	7 650	50
7.32	−9.44	70.06	1 649	6
–	−1.56	44.03	774	6
–	–	–	–	–
–	–	–	–	–

4－21 成都市旅游

	固定资产（万元）	营业收入（万元）	税 金（万元）
总 计	574 213.82	249 550.50	6 559.68
(一)旅行社	72 018.46	140 510.98	1 098.11
国际旅行社	39 861.44	104 781.13	649.40
国内旅行社	32 157.02	35 729.85	448.71
(二)星级饭店	473 374.36	104 137.63	5 289.57
内资饭店	385 444.77	84 044.67	4 234.00
外资饭店	87 929.59	20 092.96	1 055.57
(三)旅游景区(点)	–	–	–
(四)旅游车船公司	–	–	–
(五)其他旅游企业	28 821.00	4 901.89	172.00

4－22 昆明市旅游

	固定资产（万元）	营业收入（万元）	税 金（万元）
总 计	558 755.08	303 317.32	7 301.34
(一)旅行社	59 681.78	178 558.14	1 255.65
国际旅行社	38 895.33	120 185.83	824.41
国内旅行社	20 786.45	58 372.31	431.24
(二)星级饭店	426 591.92	93 773.35	5 065.25
内资饭店	272 801.97	64 704.59	3 596.95
外资饭店	153 789.95	29 068.76	1 468.30
(三)旅游景区(点)	72 436.10	30 985.83	980.44
(四)旅游车船公司	–	–	–
(五)其他旅游企业	45.28	–	–

企业主要经济指标

全员劳动生产率（万元/人）	人均实现利税（万元/人）	人均固定资产原值（万元/人）	从业人员（人）	企业数（家）
10.20	0.32	23.46	24 477	376
24.37	0.18	12.49	5 766	200
33.79	0.40	12.85	3 101	35
13.41	−0.08	12.07	2 665	165
5.92	0.29	26.93	17 576	107
5.47	0.03	25.07	15 377	99
9.14	2.16	39.99	2 199	8
–	–	–	–	41
–	–	–	–	3
4.32	1.37	25.39	1 135	25

企业主要经济指标

全员劳动生产率（万元/人）	人均实现利税（万元/人）	人均固定资产原值（万元/人）	从业人员（人）	企业数（家）
11.74	−0.43	21.63	25 832	386
34.62	0.46	11.57	5 157	222
52.41	0.68	16.96	2 293	25
20.38	0.29	7.26	2 864	197
5.13	−1.05	23.35	18 268	117
4.55	−0.97	19.19	14 218	103
7.18	−1.34	37.97	4 050	14
12.91	2.39	30.17	2 401	28
–	–	–	–	–
–	–	7.55	6	19

4－23　西安市旅游

	固定资产（万元）	营业收入（万元）	税　金（万元）
总　　计	545 256.09	305 082.32	7 923.67
(一)旅行社	75 800.55	136 782.11	1 370.65
国际旅行社	58 919.47	105 648.59	1 218.76
国内旅行社	16 881.08	31 133.52	151.89
(二)星级饭店	435 058.64	125 111.83	6 251.32
内资饭店	318 521.08	86 499.07	4 355.23
外资饭店	116 537.56	38 612.76	1 896.09
(三)旅游景区(点)	34 396.90	43 188.38	301.70
(四)旅游车船公司	–	–	–
(五)其他旅游企业	–	–	–

企业主要经济指标

全员劳动生产率（万元/人）	人均实现利税（万元/人）	人均固定资产原值（万元/人）	从业人员（人）	企业数（家）
13.52	0.01	24.16	22 571	258
29.03	0.59	16.09	4 712	172
38.90	0.99	21.69	2 716	28
15.60	0.05	8.46	1 996	144
9.47	-0.39	32.92	13 216	63
8.32	-0.54	30.62	10 401	54
13.72	0.16	41.40	2 815	9
9.30	0.55	7.41	4 643	21
-	-	-	-	-
-	-	-	-	2

五、国内旅游住宿设施基本情况

5－1　2002年全国社会旅馆业基本情况

	单位数（家）	客房总数（间）	床位总数（张）	年均床位出租率（%）	年末从业人员（万人）
总　　计	84 002	3 932 626	8 365 536	37.20	342.79
按单位类别分					
法人单位	61 142	3 013 343	6 407 329	38.78	282.79
产业活动单位	22 860	919 282	1 958 207	33.07	60.01
按登记注册类型分					
国有单位	33 728	1 894 445	4 078 410	38.29	163.54
集体单位	26 663	909 687	1 981 585	34.32	64.23
股份合作单位	3 327	143 840	308 499	38.67	11.29
联营单位	380	16 417	34 240	34.30	1.14
有限责任单位	7 469	452 544	928 532	42.55	48.53
股份有限单位	1 680	112 922	230 556	39.28	12.81
私营单位	9 189	267 262	548 297	36.40	22.43
其他单位	444	12 354	25 146	29.17	1.05
港澳台商投资	694	75 555	138 615	43.76	11.74
外商投资	428	47 601	91 655	41.10	6.03
按单位类型分					
宾馆或饭店	30 733	2 017 578	4 136 763	40.38	212.34
旅馆	20 542	628 436	1 370 738	34.80	38.04
招待所	27 196	993 647	2 208 441	35.29	64.46
疗养院	266	15 072	33 561	36.30	1.22
培训中心或会议中心	2 640	153 288	335 917	34.92	13.50
其他	2 624	124 605	280 117	41.86	13.23
按主体客房床位价格分					
100元以上/日	10 554	1 000 496	1 944 772	49.03	120.98
50～100元/日	21 099	1 199 947	2 492 532	40.75	115.48
20～50元/日	27 051	1 130 918	2 498 081	35.21	71.41
20元以下/日	25 298	601 264	1 430 151	31.52	34.92
按开业时间分					
1980年以前	8 955	528 710	1 163 759	37.21	48.85
1981～1990年	19 589	978 193	2 129 020	36.46	67.08
1991～2000年	46 963	2 091 482	4 378 105	37.60	195.44
2001～2002年	8 495	334 241	694 652	36.98	31.42
按客房总数分					
300间以上	347	335 658	648 455	54.42	15.89
100～299间	7 114	1 006 564	2 061 557	47.48	103.92
50～99间	18 572	1 242 413	2 629 082	41.59	113.92
小于50间	57 969	1 347 991	3 026 442	34.47	109.06

5－2　2002年全国社会旅馆业基本情况(按地区分)

	单位合计(家)	客房总数(间)	床位总数(张)	年均床位出租率(%)	年末从业人员(万人)
全　　国	84 002	3 932 626	8 365 536	37.20	342.79
北　　京	4 434	257 112	563 820	41.65	19.67
天　　津	818	37 169	83 407	34.99	3.53
河　　北	3 241	147 108	373 850	33.53	18.77
山　　西	1 968	99 013	217 050	35.64	9.89
内　　蒙	1 247	42 157	102 785	31.59	4.20
辽　　宁	3 310	117 650	262 458	40.41	15.66
吉　　林	1 668	44 406	106 596	50.63	4.90
黑 龙 江	2 457	61 483	153 422	31.42	5.23
上　　海	2 435	71 382	154 013	47.01	6.84
江　　苏	5 955	244 455	504 225	35.11	25.50
浙　　江	3 917	375 866	757 508	51.26	18.63
安　　徽	2 731	86 154	185 716	31.72	7.63
福　　建	2 110	107 523	206 759	38.97	9.46
江　　西	2 298	80 540	165 902	31.48	6.40
山　　东	4 037	208 678	448 410	33.90	20.38
河　　南	5 354	252 518	557 171	32.21	22.89
湖　　北	3 686	215 146	437 564	35.08	26.36
湖　　南	2 960	128 906	270 999	42.30	10.99
广　　东	4 771	254 923	489 931	37.25	24.30
广　　西	3 015	143 998	291 372	44.67	11.96
海　　南	1 280	52 921	98 995	38.73	3.56
重　　庆	1 880	61 770	139 638	34.64	4.33
四　　川	4 943	227 355	472 441	33.46	18.92
贵　　州	1 194	51 438	112 179	34.04	3.85
云　　南	3 901	174 538	366 779	31.90	9.06
西　　藏	143	–	–	–	–
陕　　西	4 055	194 238	416 571	38.97	16.73
甘　　肃	1 789	70 200	154 527	33.68	4.23
青　　海	610	30 095	63 570	36.67	1.59
宁　　夏	469	19 135	42 773	38.09	1.51
新　　疆	1 325	74 747	165 101	38.60	5.83

5－3　2002年全国社会旅馆业主要经济指标

单位：万元

	营业收入	营业税金及附加	利润总额	固定资产原　　值
总　　计	10 938 489	610 146	－773 656	37 326 191
按单位类别分				
法人单位	9 393 026	523 615	－753 764	31 529 126
产业活动单位	1 545 463	86 531	－19 892	5 797 065
按登记注册类型分				
国有单位	5 164 522	264 196	－247 755	19 077 906
集体单位	1 551 269	93 439	－19 452	4 920 392
股份合作单位	337 555	19 856	－44 768	1 251 622
联营单位	33 967	1 988	－1 396	173 768
有限责任单位	1 890 128	110 363	－192 719	5 114 660
股份有限单位	503 010	30 058	－19 824	1 404 592
私营单位	618 620	41 494	－18 496	2 290 272
其他单位	23 023	1 699	－821	86 487
港澳台商投资	611 213	34 761	－158 187	2 123 110
外商投资	205 183	12 291	－70 237	883 383
按单位类型分				
宾馆或饭店	7 476 082	427 521	－636 025	26 263 035
旅馆	830 700	50 430	－9 941	2 812 849
招待所	1 789 664	85 009	－54 856	4 594 839
疗养院	48 008	2 806	－1 254	244 465
培训中心或会议中心	430 723	24 801	－19 799	2 155 774
其他	363 312	19 579	－51 781	1 255 227
按主体客房床位价格分				
100元以上/日	5 602 501	304 042	－564 439	16 530 014
50～100元/日	3 501 125	196 888	－189 581	13 061 091
20～50元/日	1 338 507	78 121	－19 799	5 906 980
20元以下/日	496 357	31 095	164	1 828 106
按开业时间分				
1980年以前	1 298 399	65 444	－58 574	5 334 138
1981～1990年	2 199 672	109 008	－60 996	6 289 549
1991～2000年	6 555 388	381 096	－638 539	22 776 906
2001～2002年	885 031	54 598	－15 547	2 925 598
按客房总数分				
300间以上	725 059	37 237	－177 894	2 994 901
100～299间	4 243 676	235 574	－371 720	15 092 984
50～99间	3 735 733	197 308	－183 750	11 728 217
小于50间	2 234 021	140 027	－40 292	7 510 089

5-4　2002年全国社会旅馆业主要经济指标(按地区分)

单位:万元

	营业收入	营业税金及附加	利润总额	固定资产原　值
全　　国	**10 938 489**	**610 146**	**-773 656**	**37 326 191**
北　　京	1 049 473	50 322	-185 306	2 699 351
天　　津	119 021	5 323	-7 145	184 073
河　　北	275 449	15 983	-14 647	1 749 556
山　　西	238 918	13 630	-14 747	622 549
内　　蒙	68 909	4 110	158	447 766
辽　　宁	325 109	19 674	-62 827	1 760 822
吉　　林	120 982	6 965	2 072	391 900
黑 龙 江	143 163	7 384	-18 665	578 802
上　　海	276 358	14 469	-41 535	686 776
江　　苏	827 824	45 402	-4 143	2 305 363
浙　　江	937 853	55 385	-56 491	2 106 513
安　　徽	179 893	10 777	-6 227	716 449
福　　建	439 856	25 849	-44 329	1 248 243
江　　西	192 391	11 005	33 942	499 210
山　　东	792 659	42 621	-72 235	1 947 599
河　　南	649 346	35 608	-62 217	1 941 743
湖　　北	640 469	31 899	-13 359	3 214 554
湖　　南	418 964	22 770	-9 278	1 674 283
广　　东	974 493	60 975	-67 519	3 027 911
广　　西	254 289	15 076	6 874	1 595 777
海　　南	70 532	4 522	-4 030	519 160
重　　庆	156 529	8 989	3 849	672 630
四　　川	501 576	24 258	18 894	2 590 668
贵　　州	95 131	5 482	-6 545	411 335
云　　南	284 351	15 958	-80 621	1 158 925
西　　藏	-	-	-	-
陕　　西	533 124	33 728	-17 574	1 283 215
甘　　肃	97 002	5 758	-6 792	362 540
青　　海	32 934	1 866	-1 257	98 516
宁　　夏	26 716	1 668	-2 054	117 889
新　　疆	215 174	12 688	-39 903	712 079

5－5　2002年全国个体旅馆业基本情况(按地区分)

	单位数 (家)	客房总数 (间)	床位总数 (张)	从业人员 (人)
总　计	183 174	2 425 771	5 690 115	508 892
北　京	887	14 747	37 554	2 464
天　津	698	9 244	21 683	1 939
河　北	16 964	224 654	536 969	47 129
山　西	4 660	61 712	144 758	12 946
内　蒙	8 266	109 467	256 775	22 965
辽　宁	6 239	52 623	173 808	17 333
吉　林	3 988	52 813	123 883	11 079
黑龙江	9 355	83 889	240 604	25 990
上　海	998	13 217	31 002	2 773
江　苏	12 556	166 279	390 039	34 883
浙　江	13 041	172 702	405 105	36 230
安　徽	13 373	147 098	315 419	40 153
福　建	4 018	53 210	124 815	11 163
江　西	4 639	61 434	144 106	15 287
山　东	9 998	132 403	310 578	27 776
河　南	7 710	102 103	239 503	21 420
湖　北	7 606	140 726	316 273	21 131
湖　南	10 798	142 998	335 429	29 999
广　东	5 378	76 211	167 062	14 941
广　西	5 443	74 091	169 081	15 122
海　南	1 069	14 157	33 207	2 170
重　庆	2 057	27 241	63 899	5 115
四　川	10 128	184 125	384 616	28 137
贵　州	5 794	76 730	179 985	16 097
云　南	5 063	67 049	157 277	10 066
西　藏	–	–	–	–
陕　西	7 267	96 237	225 742	20 189
甘　肃	1 892	25 056	58 773	5 256
青　海	708	9 376	21 993	1 967
宁　夏	705	9 336	21 900	1 959
新　疆	1 876	24 844	58 276	5 212

下　篇

全国星级饭店综合资料

2002年中国星级饭店统计公报

国家旅游局

（2003年7月2日）

2002年，我国星级饭店数量继续保持较快增长。到2002年末，全国共有星级饭店8880家，比上年末增加1522家，增长20.68%；拥有客房89.72万间，比上年末增加8.10万间，增长9.92%；拥有床位172.95万张，比上年末增加19.64万张，增长12.81%。

2002年，全国星级饭店营业收入总额为914.43亿元，比上年增加151.11亿元；上缴营业税48.65亿元，比上年增加8.99亿元；年平均客房出租率为60.15%，比上年提高1.7个百分点。

一、全国星级饭店的构成情况

（一）按注册登记类型划分

按注册登记类型划分，在全国8880家星级饭店中，有国有饭店5061家，占全国星级饭店总数的56.99%；集体经济饭店893家，占10.06%；外商投资饭店279家，占3.14%；港澳台投资饭店407家，占4.58%。以上四种注册登记类型的饭店，共占全部饭店的74.77%。此外，联营、股份制、私营等其他注册登记类型的饭店共有2240家，占全部星级饭店总数的25.23%。

从客房间数来看，在全国星级饭店拥有的89.72万间客房中，国有饭店共有48.71万间客房，占全国星级饭店客房总数的54.29%；集体经济饭店共有7.10万间客房，占7.92%；外商投资饭店共有6.07万间，占6.76%；港澳台投资饭店共有7.48万间客房，占8.33%。以上四种注册登记类型的饭店客房占全部饭店客房的77.30%。其他注册登记类型的饭店客房共有20.36万间，占全部饭店客房数的22.70%。

（二）按规模划分

按饭店规模大小划分的情况是：(1)客房数在500间以上的饭店80家，共有5.19万间客房，占全国星级饭店客房总数的5.78%；(2)客房数在300～499间的饭店320家，共有11.73万间客房，占全国星级饭店客房总数的13.07%；(3)客房数在200～299间的饭店622家，共有15.00万间客房，占全国星级饭店客房总数的16.72%；(4)客房数在100～199间的饭店2225家，共有30.60万间客房，占全国星级饭店客房总数的34.10%；(5)客房数在100间以下的饭店5633家，共有27.21万间客房，占全国星级饭店客房总数的30.33%。

（三）按星级划分

截至2002年底，全国共有：(1)五星级饭店175家，共有6.49万间客房，占全国星级饭店客房总数的7.23%；(2)四星级饭店635家，共有14.35万间客房，占全国星级饭店客房总数的15.99%；(3)三星级饭店2846家，共有34.65万间客房，占全国星级饭店客房总数的38.62%；(4)二星级饭店4414家，共有30.60万间客房，占全国星级饭店客房总数的34.10%；(5)一星级饭店810家，共有3.64万间客房，占全国星级饭店客房总数的4.06%。

二、分地区的星级饭店情况

全国8880家星级饭店分布于31个省、自治区、直辖市，具体情况如下：

(一)按拥有星级饭店座数多少排列，位居全国前十名的地区是：(1)广东926家；(2)浙江723家；(3)江苏575家；(4)北京572家；(5)云南560家；(6)湖北473家；(7)山东401家；(8)辽宁347家；(9)上海319家；(10)湖南319家。

(二)按拥有星级饭店客房间数多少排列，位居全国前十名的地区是：(1)广东8.85万间；(2)北京8.78万间；(3)浙江6.53万间；(4)江苏5.46万间；(5)上海5.22万间；(6)山东4.35万间；(7)湖北3.69万间；(8)河南3.41万间；(9)云南3.25万间；(10)辽宁3.23万间。

三、全国星级饭店的客房出租率情况

2002年，全国星级饭店平均客房出租率为60.15%，比上年提高1.7个百分点。其中：五星级饭店的客房出租率为66.33%，比上年提高1.21个百分点；四星级饭店的客房出租率为64.95%，比上年下降0.01个百分点；三星级饭店的客房出租率为60.84%，比上年提高0.5个百分点；二星级饭店的客房出租率为56.47%，比上年提高3.12个百分点；一星级饭店的客房出租率为49.68%，比上年提高3.35个百分点。

(一)按注册登记类型划分

2002年，在全国8880家星级饭店中，国有饭店平均客房出租率57.92%，比上年提高2.79个百分点；集体企业饭店58.17%，比上年下降1.08个百分点；外商投资饭店64.80%，比上年提高0.65个百分点；港澳台投资饭店66.02%，比上年提高1.37个百分点；联营饭店61.03%，比上年提高3.59个百分点；私营饭店59.94%，比上年提高3.42个百分点。

(二)按规模划分

按饭店规模大小划分的情况是：(1)客房数在500间以上的饭店平均客房出租率为68.05%，比上年提高1.07个百分点；(2)客房数在300～499间的饭店平均客房出租率为63.99%，比上年提高0.35个百分点；(3)客房数在200～299间的饭店平均客房出租率为62.49%，比上年提高1.52个百分点；(4)客房数在100～199间的饭店平均客房出租率为59.61%，与上年持平；(5)客房数在100间以下的饭店平均客房出租率为56.52%，比上年提高4.78个百分点。

（三）按地区划分

2002年，按客房出租率高低排列，位居全国前十名的地区如下：

(1)上海71.78%；(2)浙江68.30%；(3)江苏63.25%；(4)湖南62.68%；(5)广东62.13%；(6)北京61.68%；(7)河北61.55%；(8)贵州61.10%；(9)重庆60.91%；(10)江西60.83%。

四、全国星级饭店的营业收入情况

2002年，全国星级饭店共实现营业收入为914.43亿元，比上年增加151.11亿元，增长19.80%。

（一）按注册登记类型划分

2002年，国有企业饭店营业收入394.42亿元，占营业收入总额的43.13%；外商投资和港澳台投资饭店营业收入269.73亿元，占营业收入总额的29.50%；集体企业饭店营业收入52.39亿元，占营业收入总额的5.73%；联营饭店营业收入8.07亿元，占营业收入总额的0.88%；私营饭店营业收入26.46亿元，占营业收入总额的2.89%。

（二）按规模划分

2002年，客房数在500间以上的星级饭店年营业收入121.31亿元，占营业收入总额的13.27%；客房数在300～499间的饭店年营业收入183.67亿元，占营业收入总额的20.09%；客房数在200～299间的饭店年营业收入165.05亿元，占营业收入总额的18.05%；客房数在100～199间的饭店年营业收入246.71亿元，占营业收入总额的26.98%；客房数在100间以下的饭店年营业收入197.69亿元，占营业收入总额的21.62%。

（三）按地区划分

2002年，按营业收入多少排列，位居全国前十名的地区如下：(1)广东142.13亿元；(2)北京130.71亿元；(3)浙江101.08亿元；(4)上海99.93亿元；(5)江苏70.77亿元；(6)山东38.53亿元；(7)辽宁30.62亿元；(8)湖北22.66亿元；(9)河北21.37亿元；(10)四川20.40亿元。

五、全国星级饭店上缴的营业税金

2002年，全国星级饭店共上缴营业税金48.65亿元，比上年增加8.99亿元，增长22.66%。

（一）按注册登记类型划分：国有饭店上缴营业税金20.82亿元，占上缴总额的42.79%；集体企业饭店上缴营业税金2.97亿元，占上缴总额的6.10%；外商投资饭店和港澳台投资饭店上缴营业税金13.86亿元，占上缴总额的28.49%；联营饭店上缴营业税金0.44亿元，占上缴总额的0.90%；私营饭店上缴营业税金1.60亿元，占上缴总额的3.29%。

(二)按规模划分:客房数在500间以上的饭店上缴营业税金6.09亿元,占上缴总额的12.51%;客房数在300～499间的饭店上缴营业税金9.12亿元,占上缴总额的18.75%;客房数在200～299间的饭店上缴营业税金8.63亿元,占上缴总额的17.74%;客房数在100～199间的饭店上缴营业税金13.51亿元,占上缴总额的27.77%;客房数在100间以下的饭店上缴营业税金11.30亿元,占上缴总额的23.23%。

(三)按地区划分:上缴营业税金位居全国前十名的地区是:(1)广东8.25亿元;(2)北京6.77亿元;(3)上海4.81亿元;(4)浙江4.76亿元;(5)江苏3.42亿元;(6)山东2.03亿元;(7)辽宁1.70亿元;(8)福建1.43亿元;(9)河北1.22亿元;(10)湖北1.19亿元。

六、全国星级饭店的全员劳动生产率

2002年,全国星级饭店的全员劳动生产率为7.52万元/人,比上年提高0.26万元/人。

全员劳动生产率位居全国前十名的地区是:(1)上海13.57万元/人;(2)北京12.21万元/人;(3)浙江10.94万元/人;(4)广东10.05万元/人;(5)江苏8.78万元/人;(6)贵州7.68万元/人;(7)陕西7.36万元/人;(8)天津6.97万元/人;(9)辽宁6.77万元/人;(10)重庆6.24万元/人。

七、全国星级饭店的职工人数

截至2002年底,全国星级饭店拥有职工121.61万人。星级饭店职工人数位居全国前十名的地区是:(1)广东14.14万人;(2)北京10.71万人;(3)浙江9.24万人;(4)江苏8.06万人;(5)上海7.37万人;(6)山东7.13万人;(7)辽宁4.52万人;(8)福建4.48万人;(9)湖北4.18万人;(10)安徽4.12万人。

六、全国星级饭店综合资料

(一)全国星级饭店综合资料

6－1－1　全国星级饭店综合情况

	饭店注册登记类型、规模、星级	饭店数（家）	房间数（间）	床位数（张）	客房出租率（%）	营业收入（万元）	营业税金（万元）	固定资产（万元）
饭店注册登记类型	合　计	8 880	897 206	1 729 460	60.15	9 144 287.34	486 509.25	26 723 697.56
	国有企业	5 061	487 099	975 375	57.92	3 944 221.32	208 154.80	11 640 649.33
	集体企业	893	71 014	139 945	58.17	523 877.27	29 684.73	1 619 266.14
	股份合作企业	172	15 577	28 111	60.15	155 987.24	8 354.16	389 546.09
	联营企业	90	9 540	18 113	61.03	80 683.97	4 397.46	286 241.16
	有限责任公司	734	75 013	141 311	63.31	770 091.34	43 704.36	1 972 000.62
	股份有限公司	327	41 112	76 930	65.56	514 211.51	27 476.03	1 550 521.43
	私营企业	556	35 962	68 928	59.94	264 556.26	16 016.89	588 189.94
	其他内资企业	361	26 438	51 609	56.20	193 338.81	10 136.16	767 225.39
	港澳台投资企业	407	74 769	125 995	66.02	1 542 196.84	75 455.74	4 048 199.80
	外商投资企业	279	60 682	103 143	64.80	1 155 122.78	63 128.92	3 861 857.66
饭店规模	合　计	8 880	897 206	1 729 460	60.15	9 144 287.34	486 509.25	26 723 697.56
	500 间以上	80	51 877	109 293	68.05	1 213 060.82	60 872.99	2 930 860.61
	300～499 间	320	117 280	198 832	63.99	1 836 677.19	91 229.87	6 040 318.89
	200～299 间	622	149 969	270 836	62.49	1 650 499.51	86 303.96	5 346 310.76
	100～199 间	2 225	305 955	589 999	59.61	2 467 141.73	135 080.85	7 701 767.26
	1～99 间	5 633	272 125	560 500	56.52	1 976 908.09	113 021.58	4 704 440.04
饭店星级	合　计	8 880	897 206	1 729 460	60.15	9 144 287.34	486 509.25	26 723 697.56
	五星级	175	64 899	102 424	66.33	1 817 270.18	96 354.12	5 391 695.79
	四星级	635	143 478	248 375	64.95	2 389 790.49	119 859.64	6 871 714.03
	三星级	2 846	346 482	680 018	60.84	3 187 575.57	172 555.01	9 956 337.86
	二星级	4 414	305 984	622 097	56.47	1 622 321.26	91 090.07	4 173 998.66
	一星级	810	36 363	76 546	49.68	127 329.84	6 650.41	329 951.22

6－1－2　全国星级饭店的地区分布

地　区	饭店数（家）	房间数（间）	床位数（张）	客房出租率（%）	营业收入（万元）	营业税金（万元）	固定资产（万元）
合　计	8 880	897 206	1 729 460	60.15	9 144 287.34	486 509.25	26 723 697.56
北　京	572	87 801	165 098	61.68	1 307 094.06	67 668.17	3 878 548.37
天　津	81	11 472	39 558	48.41	109 428.78	6 103.35	353 578.96
河　北	267	27 953	55 187	61.55	213 650.83	12 159.76	676 704.85
山　西	217	19 398	39 044	53.72	120 653.87	6 358.24	300 633.54
内蒙古	124	9 426	18 871	55.99	65 427.43	3 484.68	201 065.11
辽　宁	347	32 341	59 333	55.85	306 165.36	16 982.17	1 422 821.15
吉　林	158	13 073	24 803	54.24	97 370.18	5 312.66	443 547.10
黑龙江	217	18 741	37 998	54.66	106 204.67	5 935.91	604 749.89
上　海	319	52 161	92 820	71.78	999 339.50	48 125.53	2 292 374.58
江　苏	575	54 602	99 493	63.25	707 659.73	34 202.59	1 889 482.61
浙　江	723	65 316	121 496	68.30	1 010 774.42	47 635.11	1 963 855.52
安　徽	272	25 430	51 671	58.91	125 314.22	6 789.11	361 461.86
福　建	284	29 506	55 034	55.98	186 821.52	14 340.69	572 673.47
江　西	182	17 276	33 241	60.83	84 418.35	4 852.09	256 753.55
山　东	401	43 494	83 192	56.31	385 320.47	20 321.74	1 379 464.88
河　南	308	34 102	72 677	59.49	168 453.72	9 139.86	465 304.00
湖　北	473	36 917	72 853	53.22	226 586.94	11 857.11	774 763.57
湖　南	319	21 768	46 915	62.68	177 060.00	9 819.00	445 297.72
广　东	926	88 485	161 988	62.13	1 421 272.06	82 518.36	3 244 073.39
广　西	258	31 985	62 204	58.09	202 724.03	10 970.55	679 268.77
海　南	196	25 817	48 806	59.52	137 605.50	7 767.90	820 556.53
重　庆	109	11 814	21 274	60.91	122 945.68	6 524.00	381 087.64
四　川	294	30 451	57 484	55.80	203 973.24	11 146.19	828 467.01
贵　州	82	8 662	16 981	61.10	81 697.05	4 026.15	240 144.08
云　南	560	32 471	62 306	57.13	140 214.06	7 645.10	697 651.49
西　藏	49	3 721	7 579	37.17	16 017.00	917.00	102 293.00
陕　西	178	21 271	38 415	58.93	181 795.49	9 885.45	564 621.90
甘　肃	125	14 466	29 044	55.53	72 736.41	4 286.58	277 587.45
青　海	39	3 515	6 886	52.25	21 309.66	1 153.86	45 699.19
宁　夏	35	3 368	6 902	47.76	9 817.07	603.41	90 006.46
新　疆	190	20 403	40 307	50.49	134 436.04	7 976.93	469 159.92

6－1－3　全国星级饭店的注册登记类型

单位：家

地　区	总　计	国有企业	集体企业	股份合作企业	联营企业	有限责任公司	股份有限公司	私营企业	其他内资企业	港澳台投资企业	外商投资企业
合　计	8 880	5 061	893	172	90	734	327	556	361	407	279
北　京	572	310	89	16	10	34	16	24	6	24	43
天　津	81	37	11	1	1	10	0	3	0	6	12
河　北	267	255	3	0	0	2	1	1	1	2	2
山　西	217	115	20	2	1	24	12	23	14	4	2
内蒙古	124	118	5	0	0	0	1	0	0	0	0
辽　宁	347	174	31	5	1	33	21	24	4	30	24
吉　林	158	121	6	5	0	2	1	6	2	3	12
黑龙江	217	85	4	1	1	8	2	3	109	4	0
上　海	319	160	35	7	9	36	17	17	3	22	13
江　苏	575	335	59	1	5	60	22	24	40	16	13
浙　江	723	202	88	43	9	149	67	116	20	17	12
安　徽	272	168	22	6	1	31	14	14	0	8	8
福　建	284	110	40	7	6	29	6	33	6	28	19
江　西	182	152	3	5	1	0	3	3	4	5	6
山　东	401	265	35	12	4	26	14	18	2	11	14
河　南	308	218	30	2	1	16	6	27	2	4	2
湖　北	473	361	54	3	3	13	13	13	2	11	0
湖　南	319	260	22	0	0	10	6	3	2	11	5
广　东	926	379	114	20	18	90	29	71	15	147	43
广　西	258	136	37	2	4	28	7	14	1	24	5
海　南	196	77	18	10	7	26	18	16	5	8	11
重　庆	109	43	8	1	0	16	4	18	11	4	4
四　川	294	158	22	8	2	38	19	17	19	8	3
贵　州	82	76	0	1	0	1	1	0	1	1	1
云　南	560	254	86	12	6	37	18	43	86	7	11
西　藏	49	17	20	0	0	0	2	4	6	0	0
陕　西	178	139	10	0	0	8	3	8	0	1	9
甘　肃	125	121	0	0	0	1	1	0	0	0	2
青　海	39	26	0	1	0	0	0	12	0	0	0
宁　夏	35	35	0	0	0	0	0	0	0	0	0
新　疆	190	154	21	1	0	6	3	1	0	1	3

6－1－4 全国星级饭店的客房规模

单位：家

地　区	总　计	客房间数 500 以上	客房间数 300～499	客房间数 200～299	客房间数 100～199	客房间数 99 以下
合　计	8 880	80	320	622	2 225	5 633
北　京	572	21	59	59	146	287
天　津	81	1	5	12	29	34
河　北	267	0	6	23	95	143
山　西	217	1	3	7	55	151
内蒙古	124	1	1	7	27	88
辽　宁	347	3	11	22	89	222
吉　林	158	0	4	6	38	110
黑龙江	217	0	5	9	45	158
上　海	319	15	32	40	95	137
江　苏	575	3	21	36	159	356
浙　江	723	3	19	48	180	473
安　徽	272	0	2	8	55	207
福　建	284	0	11	18	85	170
江　西	182	0	1	15	45	121
山　东	401	4	11	32	120	234
河　南	308	0	5	15	72	216
湖　北	473	1	7	16	87	362
湖　南	319	1	6	12	56	244
广　东	926	15	39	67	202	603
广　西	258	2	14	29	76	137
海　南	196	0	13	32	58	93
重　庆	109	0	6	13	29	61
四　川	294	2	7	23	98	164
贵　州	82	0	1	7	27	47
云　南	560	1	7	26	87	439
西　藏	49	0	1	1	4	43
陕　西	178	5	10	13	47	103
甘　肃	125	1	4	9	40	71
青　海	39	0	2	1	11	25
宁　夏	35	0	0	2	12	21
新　疆	190	0	7	14	56	113

6-1-5 全国星级饭店的星级构成

单位:家

地区	星级饭店总数	五星级	四星级	三星级	二星级	一星级
合计	8 880	175	635	2 846	4 414	810
北京	572	26	56	175	252	63
天津	81	1	11	35	29	5
河北	267	1	17	91	141	17
山西	217	0	15	70	127	5
内蒙古	124	2	3	25	71	23
辽宁	347	8	25	131	133	50
吉林	158	4	12	48	85	9
黑龙江	217	2	13	59	99	44
上海	319	20	27	116	136	20
江苏	575	14	59	189	291	22
浙江	723	7	46	199	374	97
安徽	272	3	18	84	154	13
福建	284	5	10	110	143	16
江西	182	0	6	57	108	11
山东	401	8	32	152	179	30
河南	308	2	15	113	173	5
湖北	473	2	16	100	277	78
湖南	319	6	14	106	172	21
广东	926	31	95	364	392	44
广西	258	5	14	80	141	18
海南	196	7	28	96	54	11
重庆	109	3	12	40	50	4
四川	294	3	19	97	145	30
贵州	82	0	7	16	48	11
云南	560	6	30	82	331	111
西藏	49	0	1	22	17	9
陕西	178	4	11	69	87	7
甘肃	125	1	7	38	67	12
青海	39	0	3	11	21	4
宁夏	35	0	3	17	13	2
新疆	190	4	10	54	104	18

6－1－6 全国星级饭店的营业收入总额

单位:万元

地 区	营业收入	＃客房	＃餐饮	＃商品	＃其他
合 计	**9 144 287.34**	**4 146 045.22**	**3 431 751.07**	**505 631.41**	**1 060 859.64**
北 京	1 307 094.06	603 908.76	354 811.89	133 864.56	214 508.85
天 津	109 428.78	51 613.31	34 985.15	5 414.97	17 415.35
河 北	213 650.83	82 636.25	105 576.87	9 364.42	16 073.29
山 西	120 653.87	51 958.75	52 895.13	3 832.36	11 967.63
内蒙古	65 427.43	30 645.57	27 892.52	3 595.52	3 293.82
辽 宁	306 165.36	149 882.99	114 750.57	6 870.32	34 661.48
吉 林	97 370.18	45 938.33	41 973.67	1 263.96	8 194.22
黑龙江	106 204.67	54 137.01	40 931.59	1 929.05	9 207.02
上 海	999 339.50	544 171.64	308 125.85	26 592.75	120 449.26
江 苏	707 659.73	273 913.71	300 360.78	54 795.80	78 589.44
浙 江	1 010 774.42	391 431.13	403 061.63	141 555.73	74 725.93
安 徽	125 314.22	61 131.74	52 844.78	4 483.06	6 854.64
福 建	186 821.52	88 539.86	69 954.86	6 581.41	21 745.39
江 西	84 418.35	47 435.06	28 445.01	2 216.31	6 321.97
山 东	385 320.47	157 029.03	178 048.57	18 439.93	31 802.94
河 南	168 453.72	72 024.62	72 599.81	3 663.76	20 165.53
湖 北	226 586.94	107 179.64	95 572.04	6 605.60	17 229.66
湖 南	177 060.00	81 662.00	72 563.00	3 827.00	19 008.00
广 东	1 421 272.06	608 333.50	576 910.11	23 153.85	212 874.60
广 西	202 724.03	99 480.64	81 325.81	8 074.48	13 843.10
海 南	137 605.50	85 357.90	38 386.18	1 564.91	12 296.51
重 庆	122 945.68	55 831.09	48 387.23	4 378.16	14 349.20
四 川	203 973.24	99 213.70	72 176.81	4 362.32	28 220.41
贵 州	81 697.05	26 359.91	31 113.89	13 687.77	10 535.48
云 南	140 214.06	69 475.66	49 884.16	3 913.22	16 941.02
西 藏	16 017.00	8 611.00	5 411.00	285.00	1 710.00
陕 西	181 795.49	91 599.11	71 745.34	5 423.49	13 027.55
甘 肃	72 736.41	36 332.29	24 679.47	3 611.34	8 113.31
青 海	21 309.66	10 760.69	7 211.50	774.78	2 562.69
宁 夏	9 817.07	3 337.90	4 775.53	185.40	1 518.24
新 疆	134 436.04	56 112.43	64 350.32	1 320.18	12 653.11

6－1－7 全国星级饭店的营业收入构成

地 区	营业收入（万元）	#客房（%）	#餐饮（%）	#商品（%）	#其他（%）
合 计	9 144 287.34	45.34	37.53	5.53	11.60
北 京	1 307 094.06	46.20	27.15	10.24	16.41
天 津	109 428.78	47.17	31.97	4.95	15.91
河 北	213 650.83	38.68	49.42	4.38	7.52
山 西	120 653.87	43.06	43.84	3.18	9.92
内蒙古	65 427.43	46.84	42.63	5.50	5.03
辽 宁	306 165.36	48.95	37.48	2.24	11.32
吉 林	97 370.18	47.18	43.11	1.30	8.42
黑龙江	106 204.67	50.97	38.54	1.82	8.67
上 海	999 339.50	54.45	30.83	2.66	12.05
江 苏	707 659.73	38.71	42.44	7.74	11.11
浙 江	1 010 774.42	38.73	39.88	14.00	7.39
安 徽	125 314.22	48.78	42.17	3.58	5.47
福 建	186 821.52	47.39	37.44	3.52	11.64
江 西	84 418.35	56.19	33.70	2.63	7.49
山 东	385 320.47	40.75	46.21	4.79	8.25
河 南	168 453.72	42.76	43.10	2.17	11.97
湖 北	226 586.94	47.30	42.18	2.92	7.60
湖 南	177 060.00	46.12	40.98	2.16	10.74
广 东	1 421 272.06	42.80	40.59	1.63	14.98
广 西	202 724.03	49.07	40.12	3.98	6.83
海 南	137 605.50	62.03	27.90	1.14	8.94
重 庆	122 945.68	45.41	39.36	3.56	11.67
四 川	203 973.24	48.64	35.39	2.14	13.84
贵 州	81 697.05	32.27	38.08	16.75	12.90
云 南	140 214.06	49.55	35.58	2.79	12.08
西 藏	16 017.00	53.76	33.78	1.78	10.68
陕 西	181 795.49	50.39	39.46	2.98	7.17
甘 肃	72 736.41	49.95	33.93	4.96	11.15
青 海	21 309.66	50.50	33.84	3.64	12.03
宁 夏	9 817.07	34.00	48.65	1.89	15.47
新 疆	134 436.04	41.74	47.87	0.98	9.41

6－1－8　全国星级饭店的住宿人数和人天数

地　区	住宿人数			住宿人天数		
	总人数（万人）	入境旅游者（万人）	入境占百分比（%）	总人天数（万人天）	入境旅游者（万人天）	入境占百分比（%）
合　计	18 379.65	2 067.85	11.25	29 095.74	4 463.21	15.34
北　京	1 071.23	284.85	26.59	2 437.59	760.68	31.21
天　津	159.56	15.87	9.95	289.03	66.69	23.07
河　北	5.77	5.59	96.81	12.65	12.35	97.64
山　西	431.81	7.51	1.74	647.12	15.39	2.38
内蒙古	236.36	11.30	4.78	402.89	17.69	4.39
辽　宁	563.23	45.90	8.15	995.01	140.98	14.17
吉　林	244.32	17.88	7.32	520.27	37.25	7.16
黑龙江	316.67	9.27	2.93	537.55	20.87	3.88
上　海	824.12	245.21	29.75	1 846.15	884.85	47.93
江　苏	1 368.60	163.75	11.96	2 008.57	290.64	14.47
浙　江	1 958.11	120.19	6.14	2 857.70	227.50	7.96
安　徽	590.41	29.85	5.06	889.69	40.59	4.56
福　建	418.49	47.61	11.38	717.06	103.27	14.40
江　西	17.85	17.85	100.00	40.22	40.22	100.00
山　东	869.41	58.75	6.76	1 285.05	135.41	10.54
河　南	637.64	19.13	3.00	894.80	26.47	2.96
湖　北	746.11	29.07	3.90	1 015.38	56.91	5.60
湖　南	762.17	31.77	4.17	1 110.56	45.01	4.05
广　东	2 279.75	524.83	23.02	3 410.97	846.02	24.80
广　西	680.85	85.82	12.60	981.55	130.51	13.30
海　南	800.81	29.02	3.62	972.50	44.77	4.60
重　庆	302.26	19.35	6.40	414.92	42.50	10.24
四　川	845.20	46.64	5.52	1 254.90	94.89	7.56
贵　州	141.96	17.84	12.57	245.09	34.03	13.88
云　南	791.94	75.75	9.56	1 216.44	110.50	9.08
西　藏	31.55	8.61	27.29	72.04	24.19	33.57
陕　西	367.98	66.09	17.96	669.11	160.70	24.02
甘　肃	295.47	14.22	4.81	399.58	20.64	5.17
青　海	133.33	4.34	3.25	241.12	7.90	3.28
宁　夏	22.52	0.05	0.23	30.28	0.13	0.43
新　疆	464.19	13.94	3.00	679.95	23.68	3.48

6－1－9 全国星级饭店每间客房的收益

地　区	饭店数（家）	饭店规模		客　房出租率（%）	每间客房年收入（万元）	每间客房年接待人数（人）	每间客房年接待人天数（人天）
		客房数（间）	床位数（张）				
合　计	8 880	897 206	1 729 460	60.15	4.62	205	324
北　京	572	87 801	165 098	61.68	6.88	122	278
天　津	81	11 472	39 558	48.41	4.50	139	252
河　北	267	27 953	55 187	61.55	2.96	－	－
山　西	217	19 398	39 044	53.72	2.68	223	334
内蒙古	124	9 426	18 871	55.99	3.25	251	427
辽　宁	347	32 341	59 333	55.85	4.63	174	308
吉　林	158	13 073	24 803	54.24	3.51	187	398
黑龙江	217	18 741	37 998	54.66	2.89	169	287
上　海	319	52 161	92 820	71.78	10.43	158	354
江　苏	575	54 602	99 493	63.25	5.02	251	368
浙　江	723	65 316	121 496	68.30	5.99	300	438
安　徽	272	25 430	51 671	58.91	2.40	232	350
福　建	284	29 506	55 034	55.98	3.00	142	243
江　西	182	17 276	33 241	60.83	2.75	－	－
山　东	401	43 494	83 192	56.31	3.61	200	295
河　南	308	34 102	72 677	59.49	2.11	187	262
湖　北	473	36 917	72 853	53.22	2.90	202	275
湖　南	319	21 768	46 915	62.68	3.75	350	510
广　东	926	88 485	161 988	62.13	6.87	258	385
广　西	258	31 985	62 204	58.09	3.11	213	307
海　南	196	25 817	48 806	59.52	3.31	310	377
重　庆	109	11 814	21 274	60.91	4.73	256	351
四　川	294	30 451	57 484	55.80	3.26	278	412
贵　州	82	8 662	16 981	61.10	3.04	164	283
云　南	560	32 471	62 306	57.13	2.14	244	375
西　藏	49	3 721	7 579	37.17	2.31	85	194
陕　西	178	21 271	38 415	58.93	4.31	173	315
甘　肃	125	14 466	29 044	55.53	2.51	204	276
青　海	39	3 515	6 886	52.25	3.06	379	686
宁　夏	35	3 368	6 902	47.76	0.99	67	90
新　疆	190	20 403	40 307	50.49	2.75	228	333

6－1－10　全国星级饭店的人均效益

地　区	全员劳动生产率（万元/人）	人均实现利润（万元/人）	人均实现利税（万元/人）	人均占用固定资产原值（万元/人）	年末从业人员（人）
合　计	7.52	－0.25	0.40	21.98	1 216 076
北　京	12.21	0.25	0.63	36.22	107 091
天　津	6.97	－1.35	0.39	22.52	15 700
河　北	5.18	－0.43	0.30	16.42	41 213
山　西	3.91	－0.31	0.21	9.74	30 864
内蒙古	4.77	－0.24	0.25	14.67	13 709
辽　宁	6.77	－1.11	0.38	31.45	45 235
吉　林	4.40	－0.88	0.24	20.06	22 107
黑龙江	3.86	－0.72	0.22	21.97	27 523
上　海	13.57	1.23	0.65	31.12	73 656
江　苏	8.78	－0.61	0.42	23.44	80 625
浙　江	10.94	0.05	0.52	21.26	92 375
安　徽	3.04	0.05	0.16	8.77	41 227
福　建	4.17	0.05	0.32	12.77	44 841
江　西	5.91	0.11	0.34	17.98	14 276
山　东	5.40	－0.41	0.28	19.33	71 346
河　南	5.89	－0.54	0.32	16.26	28 616
湖　北	5.41	－0.31	0.28	18.51	41 847
湖　南	5.31	－0.12	0.29	13.35	33 351
广　东	10.05	－0.08	0.58	22.95	141 368
广　西	5.18	－0.76	0.28	17.37	39 103
海　南	5.44	－1.45	0.31	32.42	25 310
重　庆	6.24	－0.88	0.33	19.34	19 701
四　川	5.15	－0.24	0.28	20.92	39 597
贵　州	7.68	－0.33	0.38	22.59	10 631
云　南	3.89	－0.96	0.21	19.37	36 026
西　藏	5.12	0.01	0.29	32.71	3 127
陕　西	7.36	－0.61	0.40	22.84	24 716
甘　肃	3.98	－0.20	0.23	15.20	18 260
青　海	4.89	－0.51	0.26	10.48	4 360
宁　夏	1.80	－0.23	0.11	16.55	5 440
新　疆	5.89	－0.64	0.35	20.55	22 835

(二)全国五星级饭店综合资料

6-2-1 全国五星级饭店综合情况

	饭店注册登记类型、饭店规模	饭店数(家)	房间数(间)	床位数(张)	客房出租率(%)	营业收入(万元)	营业税金(万元)	固定资产(万元)
饭店注册登记类型	合　计	175	64 899	102 424	66.33	1 817 270.18	96 354.12	5 391 695.79
	国有企业	49	16 645	28 237	64.33	488 357.67	22 579.66	1 245 945.66
	集体企业	5	1 139	1 610	43.96	7 821.67	431.20	118 626.69
	股份合作企业	1	358	583	65.82	7 672.71	431.88	32 966.64
	联营企业	0	–	–	–	–	–	–
	有限责任公司	5	1 202	1 886	69.94	28 954.30	1 600.19	76 725.93
	股份有限公司	12	4 905	8 876	65.32	121 492.85	5 958.78	389 181.14
	私营企业	3	474	626	45.28	8 608.62	590.15	16 068.87
	其他内资企业	5	1 454	2 337	69.00	26 410.42	1 327.31	79 430.33
	港澳台投资企业	46	18 702	28 033	68.93	546 692.63	31 236.97	1 500 749.55
	外商投资企业	49	20 020	30 236	66.82	581 259.31	32 197.98	1 932 000.98
饭店规模	合　计	175	64 899	102 424	66.33	1 817 270.18	96 354.12	5 391 695.79
	500 间以上	41	26 428	43 511	68.00	891 501.57	44 732.57	2 016 302.14
	300～499 间	76	28 608	43 430	66.08	646 634.69	36 133.97	2 577 366.72
	200～299 间	31	7 888	12 128	64.08	197 206.61	10 919.72	488 619.87
	100～199 间	11	1 755	2 909	53.77	36 581.93	2 030.73	197 773.09
	1～99 间	16	220	446	64.97	45 345.38	2 537.13	111 633.97

6－2－2　全国五星级饭店的地区分布

地　区	饭店数（家）	房间数（间）	床位数（张）	客房出租率（%）	营业收入（万元）	营业税金（万元）	固定资产（万元）
合　计	175	64 899	102 424	66.33	1 817 270.18	96 354.12	5 391 695.79
北　京	26	12 652	20 333	68.47	422 225.52	24 463.41	1 256 086.45
天　津	1	300	380	69.80	8 881.46	451.17	16 345.64
河　北	1	439	878	－	6 037.20	383.00	59 787.00
内蒙古	2	317	537	59.55	6 295.21	387.48	18 900.00
辽　宁	8	3 037	4 514	61.68	67 471.32	3 666.74	247 620.00
吉　林	4	1 149	1 386	65.21	19 915.53	1 240.32	127 457.00
黑龙江	2	684	1 049	68.53	14 236.00	813.00	122 194.00
上　海	20	8 983	14 251	77.25	386 444.47	17 471.64	672 085.22
江　苏	14	3 550	5 168	62.94	131 978.61	5 343.83	315 285.70
浙　江	7	2 132	3 461	73.25	62 752.23	3 342.23	227 963.80
安　徽	3	698	1 143	80.57	7 157.74	545.36	8 368.82
福　建	5	1 765	2 812	54.40	17 242.56	954.04	95 815.52
山　东	8	3 276	5 295	63.18	59 055.47	2 899.50	266 893.07
河　南	2	653	1 239	45.14	11 159.00	588.00	42 009.00
湖　北	2	844	1 419	45.16	15 968.10	743.00	126 697.00
湖　南	6	1 320	2 574	64.09	28 067.00	1 671.00	95 483.00
广　东	31	11 023	16 695	68.70	354 135.34	20 714.48	762 895.30
广　西	5	1 838	3 306	64.22	23 951.63	1 194.88	127 021.27
海　南	7	2 461	4 067	55.73	38 028.83	2 110.38	218 062.24
重　庆	3	1 311	1 921	55.89	21 849.93	1 083.02	141 945.00
四　川	3	1 479	2 370	68.58	22 106.78	1 129.30	90 738.05
云　南	6	2 126	3 504	59.33	27 077.32	1 426.05	134 266.72
陕　西	4	1 608	2 210	75.02	32 737.04	1 607.02	117 394.06
甘　肃	1	189	313	－	2 327.00	176.00	14 642.00
新　疆	4	1 065	1 599	51.89	30 168.89	1 949.27	85 739.93

6－2－3　全国五星级饭店的注册登记类型

单位:家

地区	总计	国有企业	集体企业	股份合作企业	联营企业	有限责任公司	股份有限公司	私营企业	其他内资企业	港澳台投资企业	外商投资企业
合计	175	49	5	1	0	5	12	3	5	46	49
北京	26	7	0	0	0	0	1	0	0	6	12
天津	1	0	0	0	0	0	0	0	0	0	1
河北	1	1	0	0	0	0	0	0	0	0	0
内蒙古	2	2	0	0	0	0	0	0	0	0	0
辽宁	8	0	1	0	0	0	0	0	0	4	3
吉林	4	2	0	0	0	0	0	0	0	0	2
黑龙江	2	0	0	0	0	0	0	0	0	2	0
上海	20	10	0	0	0	1	1	0	0	4	4
江苏	14	3	1	0	0	1	0	1	3	3	2
浙江	7	1	0	0	0	0	1	0	1	3	1
安徽	3	2	0	0	0	0	0	0	0	0	1
福建	5	0	1	0	0	0	0	0	0	2	2
山东	8	3	0	0	0	1	0	0	0	0	4
河南	2	1	0	0	0	0	0	0	0	0	1
湖北	2	2	0	0	0	0	0	0	0	0	0
湖南	6	4	0	0	0	0	1	0	0	0	1
广东	31	4	1	0	0	1	3	2	1	14	5
广西	5	0	0	0	0	1	0	0	0	2	2
海南	7	1	1	1	0	0	1	0	0	1	2
重庆	3	0	0	0	0	0	0	0	0	2	1
四川	3	1	0	0	0	0	1	0	0	0	1
云南	6	1	0	0	0	0	2	0	0	3	0
陕西	4	0	0	0	0	0	1	0	0	0	3
甘肃	1	1	0	0	0	0	0	0	0	0	0
新疆	4	3	0	0	0	0	0	0	0	0	1

6－2－4 全国五星级饭店的客房规模

单位:家

地 区	总 计	客房间数 500 以上	客房间数 300～499	客房间数 200～299	客房间数 100～199	客房间数 99 以下
合 计	175	41	76	31	11	16
北 京	26	10	12	3	0	1
天 津	1	0	1	0	0	0
河 北	1	0	1	0	0	0
内蒙古	2	0	1	0	0	1
辽 宁	8	2	4	1	1	0
吉 林	4	0	2	1	1	0
黑龙江	2	0	2	0	0	0
上 海	20	10	5	4	1	0
江 苏	14	2	3	5	0	4
浙 江	7	0	4	3	0	0
安 徽	3	0	1	1	1	0
福 建	5	0	4	1	0	0
山 东	8	3	3	0	2	0
河 南	2	0	1	1	0	0
湖 北	2	1	1	0	0	0
湖 南	6	1	1	0	1	3
广 东	31	9	7	6	2	7
广 西	5	0	4	1	0	0
海 南	7	0	6	1	0	0
重 庆	3	0	3	0	0	0
四 川	3	2	1	0	0	0
云 南	6	1	3	2	0	0
陕 西	4	0	4	0	0	0
甘 肃	1	0	0	0	1	0
新 疆	4	0	2	1	1	0

6-2-5　全国五星级饭店的营业收入总额

单位:万元

地　区	营业收入	#客房	#餐饮	#商品	#其他
合　计	1 817 270.18	872 191.58	617 670.20	68 162.17	259 246.23
北　京	422 225.52	204 614.17	134 734.38	27 471.52	55 405.45
天　津	8 881.46	5 039.16	2 322.21	0.00	1 520.09
河　北	6 037.20	2 345.40	3 105.00	46.80	540.00
内蒙古	6 295.21	2 608.38	2 765.07	287.36	634.40
辽　宁	67 471.32	34 394.28	21 512.25	3 334.92	8 229.87
吉　林	19 915.53	9 446.25	8 111.55	106.00	2 251.73
黑龙江	14 236.00	7 079.00	4 827.00	14.00	2 316.00
上　海	386 444.47	219 555.16	126 666.95	6 854.81	33 367.55
江　苏	131 978.61	38 185.72	35 259.66	22 299.93	36 233.30
浙　江	62 752.23	23 723.92	25 125.22	1 311.88	12 591.21
安　徽	7 157.74	3 502.56	2 574.04	57.55	1 023.59
福　建	17 242.56	8 896.22	6 896.53	163.28	1 286.53
山　东	59 055.47	28 463.93	22 798.98	872.41	6 920.15
河　南	11 159.00	4 386.00	4 513.00	0.00	2 260.00
湖　北	15 968.10	8 114.00	6 308.80	68.00	1 477.30
湖　南	28 067.00	10 028.00	13 074.00	323.00	4 642.00
广　东	354 135.34	160 143.33	125 471.88	3 314.90	65 205.23
广　西	23 951.63	14 860.17	7 759.33	343.60	988.53
海　南	38 028.83	22 155.83	10 644.44	403.81	4 824.75
重　庆	21 849.93	11 303.14	8 174.21	0.00	2 372.58
四　川	22 106.78	12 129.37	7 051.29	149.27	2 776.85
云　南	27 077.32	12 902.75	10 097.27	121.59	3 955.71
陕　西	32 737.04	19 211.34	10 973.54	617.54	1 934.62
甘　肃	2 327.00	814.00	1 048.00	0.00	465.00
新　疆	30 168.89	8 289.50	15 855.60	0.00	6 023.79

6－2－6 全国五星级饭店的营业收入构成

地 区	营业收入（万元）	#客房（%）	#餐饮（%）	#商品（%）	#其他（%）
合 计	1 817 270.18	47.99	33.99	3.75	14.27
北 京	422 225.52	48.46	31.91	6.51	13.12
天 津	8 881.46	56.74	26.15	0.00	17.12
河 北	6 037.20	38.85	51.43	0.78	8.94
内蒙古	6 295.21	41.43	43.92	4.56	10.08
辽 宁	67 471.32	50.98	31.88	4.94	12.20
吉 林	19 915.53	47.43	40.73	0.53	11.31
黑龙江	14 236.00	49.73	33.91	0.10	16.27
上 海	386 444.47	56.81	32.78	1.77	8.63
江 苏	131 978.61	28.93	26.72	16.90	27.45
浙 江	62 752.23	37.81	40.04	2.09	20.06
安 徽	7 157.74	48.93	35.96	0.80	14.30
福 建	17 242.56	51.59	40.00	0.95	7.46
山 东	59 055.47	48.20	38.61	1.48	11.72
河 南	11 159.00	39.30	40.44	0.00	20.25
湖 北	15 968.10	50.81	39.51	0.43	9.25
湖 南	28 067.00	35.73	46.58	1.15	16.54
广 东	354 135.34	45.22	35.43	0.94	18.41
广 西	23 951.63	62.04	32.40	1.43	4.13
海 南	38 028.83	58.26	27.99	1.06	12.69
重 庆	21 849.93	51.73	37.41	0.00	10.86
四 川	22 106.78	54.87	31.90	0.68	12.56
云 南	27 077.32	47.65	37.29	0.45	14.61
陕 西	32 737.04	58.68	33.52	1.89	5.91
甘 肃	2 327.00	34.98	45.04	0.00	19.98
新 疆	30 168.89	27.48	52.56	0.00	19.97

6－2－7 全国五星级饭店的住宿人数和人天数

地　区	住宿人数			住宿人天数		
	总人数（万人）	入境旅游者（万人）	入境占百分比（%）	总人天数（万人天）	入境旅游者（万人天）	入境占百分比（%）
合　计	1 071.13	544.73	50.86	2 192.15	1 246.56	56.86
北　京	156.64	104.40	66.65	394.54	256.84	65.10
天　津	2.91	1.57	54.10	9.26	6.73	72.71
河　北	–	–	–	–	–	–
内蒙古	13.16	0.42	3.20	20.97	0.77	3.69
辽　宁	39.83	18.14	45.54	98.48	54.87	55.72
吉　林	17.33	3.18	18.35	25.26	8.86	35.06
黑龙江	11.13	4.34	38.97	22.23	10.32	46.42
上　海	104.37	74.28	71.17	329.53	263.66	80.01
江　苏	70.63	33.86	47.94	120.60	60.55	50.21
浙　江	39.98	18.48	46.22	65.79	31.16	47.36
安　徽	9.44	1.73	18.37	17.83	4.42	24.77
福　建	18.98	7.39	38.92	48.42	20.28	41.88
山　东	43.90	14.52	33.07	97.54	50.59	51.87
河　南	12.40	1.57	12.70	17.51	2.78	15.87
湖　北	19.29	9.00	46.68	36.75	24.42	66.46
湖　南	54.08	11.40	21.07	96.83	21.06	21.75
广　东	240.24	142.94	59.50	377.40	223.36	59.18
广　西	32.05	23.34	72.81	52.99	37.08	69.97
海　南	49.45	15.04	30.41	76.33	25.21	33.03
重　庆	16.18	6.74	41.63	34.87	16.47	47.23
四　川	25.00	13.02	52.07	51.06	28.19	55.20
云　南	36.82	17.22	46.75	61.44	28.51	46.41
陕　西	36.81	19.39	52.68	101.84	66.01	64.82
甘　肃	–	–	–	–	–	–
新　疆	20.51	2.78	13.53	34.67	4.40	12.70

6-2-8 全国五星级饭店每间客房的收益

地区	饭店数（家）	饭店规模		客房出租率（%）	每间客房年收入（万元）	每间客房年接待人数（人）	每间客房年接待人天数（人天）
		客房数（间）	床位数（张）				
合计	175	64 899	102 424	66.33	13.44	165	338
北京	26	12 652	20 333	68.47	16.17	124	312
天津	1	300	380	69.80	16.80	97	309
河北	1	439	878	-	5.34	-	-
内蒙古	2	317	537	59.55	8.23	415	662
辽宁	8	3 037	4 514	61.68	11.33	131	324
吉林	4	1 149	1 386	65.21	8.22	151	220
黑龙江	2	684	1 049	68.53	10.35	163	325
上海	20	8 983	14 251	77.25	24.44	116	367
江苏	14	3 550	5 168	62.94	10.76	199	340
浙江	7	2 132	3 461	73.25	11.13	188	309
安徽	3	698	1 143	80.57	5.02	135	255
福建	5	1 765	2 812	54.40	5.04	108	274
山东	8	3 276	5 295	63.18	8.69	134	298
河南	2	653	1 239	45.14	6.72	190	268
湖北	2	844	1 419	45.16	9.61	229	435
湖南	6	1 320	2 574	64.09	7.60	410	734
广东	31	11 023	16 695	68.70	14.53	218	342
广西	5	1 838	3 306	64.22	8.08	174	288
海南	7	2 461	4 067	55.73	9.00	201	310
重庆	3	1 311	1 921	55.89	8.62	123	266
四川	3	1 479	2 370	68.58	8.20	169	345
云南	6	2 126	3 504	59.33	6.07	173	289
陕西	4	1 608	2 210	75.02	11.95	229	633
甘肃	1	189	313	-	4.31	-	-
新疆	4	1 065	1 599	51.89	7.78	193	326

6－2－9 全国五星级饭店的人均效益

地 区	全员劳动生产率（万元/人）	人均实现利润（万元/人）	人均实现利税（万元/人）	人均占用固定资产原值（万元/人）	年末从业人员（人）
合 计	16.63	1.00	0.88	49.33	109 307
北 京	20.29	1.82	1.18	60.37	20 807
天 津	17.18	3.05	0.87	31.62	517
河 北	11.39	－7.17	0.72	112.81	530
内蒙古	8.74	0.53	0.54	26.25	720
辽 宁	13.96	0.62	0.76	51.24	4 833
吉 林	9.08	－1.97	0.57	58.09	2 194
黑龙江	16.27	－7.42	0.93	139.65	875
上 海	23.80	4.82	1.08	41.39	16 236
江 苏	18.89	－0.95	0.76	45.12	6 988
浙 江	16.54	1.93	0.88	60.10	3 793
安 徽	5.27	0.85	0.40	6.17	1 357
福 建	6.57	0.06	0.36	36.53	2 623
山 东	12.68	－1.09	0.62	57.32	4 656
河 南	11.43	－1.28	0.60	43.04	976
湖 北	17.45	－1.84	0.81	138.47	915
湖 南	13.22	0.51	0.79	44.98	2 123
广 东	17.74	1.47	1.04	38.23	19 958
广 西	9.36	－1.55	0.47	49.62	2 560
海 南	10.31	－0.71	0.57	59.10	3 690
重 庆	11.49	－5.15	0.57	74.67	1 901
四 川	8.67	1.84	0.44	35.58	2 550
云 南	8.71	－3.34	0.46	43.21	3 107
陕 西	17.05	0.44	0.84	61.14	1 920
甘 肃	3.19	－0.65	0.24	20.06	730
新 疆	10.98	0.22	0.71	31.20	2 748

（三）全国四星级饭店综合资料

6－3－1 全国四星级饭店综合情况

	饭店注册登记类型、饭店规模	饭店数（家）	房间数（间）	床位数（张）	客房出租率（%）	营业收入（万元）	营业税金（万元）	固定资产（万元）
饭店注册登记类型	合　计	635	143 478	248 375	64.95	2 389 790.49	119 859.64	6 871 714.03
	国有企业	254	52 784	93 995	62.79	754 866.96	41 104.46	2 439 833.04
	集体企业	35	5 666	10 377	64.27	80 082.37	4 621.77	246 248.40
	股份合作企业	8	1 643	2 436	59.76	30 894.44	1 692.93	85 964.11
	联营企业	6	1 302	2 300	61.32	17 638.67	1 031.18	91 234.52
	有限责任公司	71	14 469	24 669	64.71	180 702.48	10 758.49	485 510.74
	股份有限公司	39	9 170	15 959	68.19	148 672.69	8 202.40	451 857.85
	私营企业	17	2 420	4 238	61.36	39 523.72	2 549.15	121 028.31
	其他内资企业	21	3 678	6 707	58.35	53 289.10	2 683.85	178 667.48
	港澳台投资企业	110	29 529	49 067	68.84	714 500.17	28 249.11	1 630 726.78
	外商投资企业	74	22 817	38 627	65.67	369 619.89	18 966.30	1 140 642.80
饭店规模	合　计	635	143 478	248 375	64.95	2 389 790.49	119 859.64	6 871 714.03
	500 间以上	21	14 037	26 259	72.52	235 085.56	11 968.32	558 951.15
	300～499 间	127	47 043	78 478	65.70	848 460.51	38 330.93	2 305 943.27
	200～299 间	189	46 410	80 440	64.79	755 696.53	37 299.03	2 477 549.28
	100～199 间	206	31 975	55 421	61.96	449 070.20	25 931.95	1 334 698.19
	1～99 间	92	4 013	7 777	57.13	101 477.69	6 329.41	194 572.14

6－3－2　全国四星级饭店的地区分布

地　区	饭店数（家）	房间数（间）	床位数（张）	客房出租率（%）	营业收入（万元）	营业税金（万元）	固定资产（万元）
合　计	635	143 478	248 375	64.95	2 389 790.49	119 859.64	6 871 714.03
北　京	56	19 469	34 067	70.77	440 172.30	18 670.99	1 056 335.04
天　津	11	2 571	3 907	57.79	46 844.71	2 733.03	179 342.11
河　北	17	2 620	4 843	61.55	40 529.90	2 205.67	139 599.99
山　西	15	2 265	4 160	61.45	31 079.62	1 680.96	93 036.47
内蒙古	3	604	1 036	58.93	7 905.40	423.60	31 639.94
辽　宁	25	5 860	8 730	63.03	81 536.40	4 573.81	410 965.46
吉　林	12	2 068	3 939	51.48	18 106.37	987.02	80 939.63
黑龙江	13	2 327	3 899	59.78	22 800.10	1 455.39	86 965.38
上　海	27	10 194	17 799	76.95	235 094.75	11 990.05	616 175.74
江　苏	59	12 932	21 126	66.34	212 811.38	10 291.08	720 039.70
浙　江	46	10 568	17 899	74.12	314 647.32	11 178.50	486 390.33
安　徽	18	2 663	3 942	65.33	26 698.48	1 406.65	89 141.69
福　建	10	2 596	4 383	64.50	41 535.83	2 566.38	123 837.19
江　西	6	1 080	2 144	60.31	12 848.96	660.59	60 096.30
山　东	32	6 541	11 240	61.82	80 688.87	5 001.12	282 969.95
河　南	15	2 456	3 522	57.97	24 521.74	1 203.31	44 466.04
湖　北	16	3 958	7 488	58.05	49 202.16	2 787.76	157 968.94
湖　南	14	2 138	3 827	67.50	36 828.00	2 084.00	76 766.03
广　东	95	18 417	32 016	64.85	360 636.31	20 439.50	961 958.73
广　西	14	4 060	7 392	64.63	51 020.99	2 895.93	114 989.13
海　南	28	5 819	10 472	59.63	40 992.17	2 337.10	264 341.04
重　庆	12	2 318	3 972	62.95	34 378.72	1 914.87	96 058.51
四　川	19	3 905	6 900	57.42	35 642.59	2 139.70	131 014.37
贵　州	7	1 602	2 940	56.47	18 226.11	1 079.29	51 627.13
云　南	30	5 727	10 402	58.30	43 033.70	2 295.86	216 115.74
西　藏	1	495	840	25.33	2 980.00	164.00	28 768.00
陕　西	11	3 650	6 951	64.81	36 701.52	1 915.37	76 745.70
甘　肃	7	1 423	2 934	37.37	10 087.53	678.72	58 817.33
青　海	3	582	1 094	58.03	6 169.90	330.13	19 115.00
宁　夏	3	245	464	47.59	1 108.30	80.10	23 945.00
新　疆	10	2 325	4 047	45.97	24 960.36	1 689.16	91 542.42

6-3-3 全国四星级饭店的注册登记类型

单位:家

地区	总计	国有企业	集体企业	股份合作企业	联营企业	有限责任公司	股份有限公司	私营企业	其他内资企业	港澳台投资企业	外商投资企业
合计	635	254	35	8	6	71	39	17	21	110	74
北京	56	21	6	0	0	4	4	0	1	7	13
天津	11	1	1	0	0	3	0	0	0	2	4
河北	17	17	0	0	0	0	0	0	0	0	0
山西	15	8	1	0	0	1	1	3	0	1	0
内蒙古	3	3	0	0	0	0	0	0	0	0	0
辽宁	25	4	0	1	0	2	0	0	0	12	6
吉林	12	7	0	0	0	0	0	1	0	1	3
黑龙江	13	4	0	0	0	1	0	0	6	2	0
上海	27	10	1	0	0	2	3	0	0	8	3
江苏	59	30	5	0	0	9	2	1	2	4	6
浙江	46	8	5	3	0	9	9	1	1	8	2
安徽	18	10	1	0	0	3	2	0	0	2	0
福建	10	2	0	0	1	1	0	1	0	3	2
江西	6	4	0	0	0	0	0	0	0	2	0
山东	32	14	2	1	0	5	1	0	0	3	6
河南	15	11	1	0	0	2	0	0	0	1	0
湖北	16	6	1	1	0	0	3	0	0	5	0
湖南	14	9	0	0	0	0	2	0	0	2	1
广东	95	25	7	1	1	4	2	6	3	33	13
广西	14	7	1	0	0	3	0	0	0	3	0
海南	28	10	1	1	1	4	5	0	2	3	1
重庆	12	2	0	0	0	3	1	3	0	1	2
四川	19	6	0	0	1	6	1	0	2	2	1
贵州	7	3	0	0	0	1	0	0	1	1	1
云南	30	7	2	0	2	7	2	1	2	3	4
西藏	1	0	0	0	0	0	0	0	1	0	0
陕西	11	6	0	0	0	0	1	0	0	1	3
甘肃	7	6	0	0	0	0	0	0	0	0	1
青海	3	3	0	0	0	0	0	0	0	0	0
宁夏	3	3	0	0	0	0	0	0	0	0	0
新疆	10	7	0	0	0	1	0	0	0	0	2

6-3-4 全国四星级饭店的客房规模

单位:家

地 区	总 计	客房间数500以上	客房间数300～499	客房间数200～299	客房间数100～199	客房间数99以下
合 计	635	21	127	189	206	92
北 京	56	8	19	15	10	4
天 津	11	0	1	6	4	0
河 北	17	0	0	4	11	2
山 西	15	0	1	3	5	6
内蒙古	3	0	0	1	2	0
辽 宁	25	1	3	11	8	2
吉 林	12	0	2	2	5	3
黑龙江	13	0	1	3	8	1
上 海	27	4	16	6	1	0
江 苏	59	1	14	14	23	7
浙 江	46	1	10	16	17	2
安 徽	18	0	0	3	11	4
福 建	10	0	5	1	4	0
江 西	6	0	0	3	1	2
山 东	32	1	4	9	15	3
河 南	15	0	1	3	7	4
湖 北	16	0	4	7	4	1
湖 南	14	0	1	5	2	6
广 东	95	2	20	24	23	26
广 西	14	1	3	7	3	0
海 南	28	0	4	12	9	3
重 庆	12	0	2	6	2	2
四 川	19	0	3	5	8	3
贵 州	7	0	1	3	3	0
云 南	30	0	3	15	6	6
西 藏	1	0	1	0	0	0
陕 西	11	2	3	2	3	1
甘 肃	7	0	1	2	3	1
青 海	3	0	1	0	1	1
宁 夏	3	0	0	0	1	2
新 疆	10	0	3	1	6	0

6-3-5 全国四星级饭店的营业收入总额

单位:万元

地　区	营业收入	#客房	#餐饮	#商品	#其他
合　计	2 389 790.49	1 042 863.78	820 667.38	256 595.03	269 664.30
北　京	440 172.30	180 109.69	102 479.14	88 432.26	69 151.21
天　津	46 844.71	20 151.51	14 636.58	3 521.51	8 535.11
河　北	40 529.90	15 937.12	20 724.66	1 159.85	2 708.27
山　西	31 079.62	14 981.28	11 825.15	657.49	3 615.70
内蒙古	7 905.40	3 567.49	4 003.24	48.72	285.95
辽　宁	81 536.40	40 712.08	29 047.32	1 820.15	9 956.85
吉　林	18 106.37	9 277.32	7 517.41	306.54	1 005.10
黑龙江	22 800.10	12 247.68	8 499.50	137.64	1 915.28
上　海	235 094.75	129 643.19	70 624.66	6 756.08	28 070.82
江　苏	212 811.38	90 673.99	89 432.69	16 018.43	16 686.27
浙　江	314 647.32	92 914.15	88 054.92	116 160.91	17 517.34
安　徽	26 698.48	14 188.72	10 252.16	669.69	1 587.91
福　建	41 535.83	20 982.67	13 927.50	129.29	6 496.37
江　西	12 848.96	5 565.89	4 620.23	654.89	2 007.95
山　东	80 688.87	33 792.86	36 668.39	3 321.80	6 905.82
河　南	24 521.74	10 977.45	11 944.13	309.00	1 291.16
湖　北	49 202.16	26 934.32	17 040.83	1 172.88	4 054.13
湖　南	36 828.00	14 916.00	16 408.00	81.00	5 423.00
广　东	360 636.31	153 435.63	144 776.19	6 456.37	55 968.12
广　西	51 020.99	22 288.17	23 505.14	2 312.45	2 915.23
海　南	40 992.17	25 655.91	11 457.49	303.93	3 574.84
重　庆	34 378.72	13 714.87	15 387.85	1 082.00	4 194.00
四　川	35 642.59	17 765.91	13 208.80	461.90	4 205.98
贵　州	18 226.11	10 552.82	6 572.49	357.66	743.14
云　南	43 033.70	21 148.44	15 334.59	2 191.27	4 359.40
西　藏	2 980.00	1 968.00	736.00	0.00	276.00
陕　西	36 701.52	20 672.57	12 457.12	1 028.18	2 543.65
甘　肃	10 087.53	4 690.77	4 571.56	82.83	742.37
青　海	6 169.90	3 118.79	2 106.95	415.36	528.80
宁　夏	1 108.30	432.60	414.00	17.00	244.70
新　疆	24 960.36	9 845.89	12 432.69	527.95	2 153.83

6-3-6 全国四星级饭店的营业收入构成

地　区	营业收入（万元）	#客房（%）	#餐饮（%）	#商品（%）	#其他（%）
合　计	2 389 790.49	43.64	34.34	10.74	11.28
北　京	440 172.30	40.92	23.28	20.09	15.71
天　津	46 844.71	43.02	31.24	7.52	18.22
河　北	40 529.90	39.32	51.13	2.86	6.68
山　西	31 079.62	48.20	38.05	2.12	11.63
内蒙古	7 905.40	45.13	50.64	0.62	3.62
辽　宁	81 536.40	49.93	35.62	2.23	12.21
吉　林	18 106.37	51.24	41.52	1.69	5.55
黑龙江	22 800.10	53.72	37.28	0.60	8.40
上　海	235 094.75	55.15	30.04	2.87	11.94
江　苏	212 811.38	42.61	42.02	7.53	7.84
浙　江	314 647.32	29.53	27.99	36.92	5.57
安　徽	26 698.48	53.14	38.40	2.51	5.95
福　建	41 535.83	50.52	33.53	0.31	15.64
江　西	12 848.96	43.32	35.96	5.10	15.63
山　东	80 688.87	41.88	45.44	4.12	8.56
河　南	24 521.74	44.77	48.71	1.26	5.27
湖　北	49 202.16	54.74	34.63	2.38	8.24
湖　南	36 828.00	40.50	44.55	0.22	14.73
广　东	360 636.31	42.55	40.14	1.79	15.52
广　西	51 020.99	43.68	46.07	4.53	5.71
海　南	40 992.17	62.59	27.95	0.74	8.72
重　庆	34 378.72	39.89	44.76	3.15	12.20
四　川	35 642.59	49.84	37.06	1.30	11.80
贵　州	18 226.11	57.90	36.06	1.96	4.08
云　南	43 033.70	49.14	35.63	5.09	10.13
西　藏	2 980.00	66.04	24.70	0.00	9.26
陕　西	36 701.52	56.33	33.94	2.80	6.93
甘　肃	10 087.53	46.50	45.32	0.82	7.36
青　海	6 169.90	50.55	34.15	6.73	8.57
宁　夏	1 108.30	39.03	37.35	1.53	22.08
新　疆	24 960.36	39.45	49.81	2.12	8.63

6－3－7 全国四星级饭店的住宿人数和人天数

地区	住宿人数			住宿人天数		
	总人数（万人）	入境旅游者（万人）	入境占百分比（%）	总人天数（万人天）	入境旅游者（万人天）	入境占百分比（%）
合计	2 592.55	744.29	28.71	4 642.98	1 625.14	35.00
北京	259.41	103.05	39.73	622.20	262.29	42.15
天津	35.19	7.21	20.48	71.52	33.28	46.53
河北	–	–	–	–	–	–
山西	50.50	2.86	5.66	73.91	6.07	8.22
内蒙古	12.09	1.54	12.78	16.10	1.70	10.54
辽宁	79.40	18.11	22.81	156.81	58.31	37.18
吉林	29.82	6.98	23.42	48.38	15.15	31.31
黑龙江	31.19	1.45	4.64	51.17	3.59	7.01
上海	137.89	90.56	65.68	433.63	332.05	76.57
江苏	277.22	82.80	29.87	433.81	147.37	33.97
浙江	245.52	48.80	19.88	390.98	92.93	23.77
安徽	69.88	18.02	25.78	93.82	21.46	22.87
福建	34.54	13.09	37.90	77.57	29.13	37.55
江西	–	–	–	–	–	–
山东	137.97	18.61	13.49	207.36	36.54	17.62
河南	47.14	4.60	9.77	64.36	5.12	7.96
湖北	85.07	13.96	16.40	128.64	21.65	16.83
湖南	48.47	3.58	7.38	73.44	4.74	6.45
广东	369.96	143.26	38.72	601.83	250.30	41.59
广西	84.99	33.73	39.69	130.09	50.68	38.96
海南	141.11	8.88	6.29	192.84	12.96	6.72
重庆	35.10	9.20	26.22	62.24	21.14	33.96
四川	87.75	19.78	22.55	172.38	45.42	26.35
贵州	27.21	5.12	18.83	51.75	10.39	20.07
云南	131.31	38.65	29.44	202.36	54.29	26.83
西藏	6.31	3.37	53.46	21.97	11.93	54.32
陕西	65.68	34.77	52.94	150.36	71.45	47.52
甘肃	15.96	5.22	32.69	25.74	8.83	34.30
青海	13.90	1.64	11.82	25.11	3.02	12.03
宁夏	1.08	0.01	1.19	2.08	0.03	1.54
新疆	27.52	2.23	8.11	51.22	4.30	8.40

6－3－8　全国四星级饭店每间客房的收益

地　区	饭店数（家）	饭店规模		客　房出租率（%）	每间客房年收入（万元）	每间客房年接待人数（人）	每间客房年接待人天数（人天）
		客房数（间）	床位数（张）				
合　计	635	143 478	248 375	64.95	7.27	181	324
北　京	56	19 469	34 067	70.77	9.25	133	320
天　津	11	2 571	3 907	57.79	7.84	137	278
河　北	17	2 620	4 843	61.55	6.08	8	20
山　西	15	2 265	4 160	61.45	6.61	223	326
内蒙古	3	604	1 036	58.93	5.91	200	267
辽　宁	25	5 860	8 730	63.03	6.95	135	268
吉　林	12	2 068	3 939	51.48	4.49	144	234
黑龙江	13	2 327	3 899	59.78	5.26	134	220
上　海	27	10 194	17 799	76.95	12.72	135	425
江　苏	59	12 932	21 126	66.34	7.01	214	335
浙　江	46	10 568	17 899	74.12	8.79	232	370
安　徽	18	2 663	3 942	65.33	5.33	262	352
福　建	10	2 596	4 383	64.50	8.08	133	299
江　西	6	1 080	2 144	60.31	5.15	12	37
山　东	32	6 541	11 240	61.82	5.17	211	317
河　南	15	2 456	3 522	57.97	4.47	192	262
湖　北	16	3 958	7 488	58.05	6.81	215	325
湖　南	14	2 138	3 827	67.50	6.98	227	344
广　东	95	18 417	32 016	64.85	8.33	201	327
广　西	14	4 060	7 392	64.63	5.49	209	320
海　南	28	5 819	10 472	59.63	4.41	243	331
重　庆	12	2 318	3 972	62.95	5.92	151	269
四　川	19	3 905	6 900	57.42	4.55	225	441
贵　州	7	1 602	2 940	56.47	6.59	170	323
云　南	30	5 727	10 402	58.30	3.69	229	353
西　藏	1	495	840	25.33	3.98	127	444
陕　西	11	3 650	6 951	64.81	5.66	180	412
甘　肃	7	1 423	2 934	37.37	3.30	112	181
青　海	3	582	1 094	58.03	5.36	239	431
宁　夏	3	245	464	47.59	1.77	44	85
新　疆	10	2 325	4 047	45.97	4.23	118	220

6－3－9 全国四星级饭店的人均效益

地区	全员劳动生产率（万元/人）	人均实现利润（万元/人）	人均实现利税（万元/人）	人均占用固定资产原值（万元/人）	年末从业人员（人）
合计	10.00	－0.31	0.50	28.76	238 943
北京	15.38	1.17	0.65	36.91	28 616
天津	9.13	－1.69	0.53	34.95	5 132
河北	7.24	－0.29	0.39	24.94	5 598
山西	5.92	－0.79	0.32	17.71	5 252
内蒙古	6.97	－1.96	0.37	27.90	1 134
辽宁	9.68	－1.91	0.54	48.80	8 421
吉林	4.11	－0.75	0.22	18.38	4 404
黑龙江	4.89	－0.88	0.31	18.65	4 663
上海	15.31	0.78	0.78	40.13	15 356
江苏	11.19	－1.15	0.54	37.85	19 024
浙江	16.14	0.46	0.57	24.95	19 495
安徽	6.75	－0.43	0.36	22.54	3 955
福建	8.44	1.12	0.52	25.16	4 922
江西	6.60	－0.86	0.34	30.88	1 946
山东	5.50	－0.34	0.34	19.29	14 671
河南	7.25	－0.91	0.36	13.14	3 383
湖北	8.35	－0.02	0.47	26.81	5 893
湖南	10.46	0.95	0.59	21.81	3 520
广东	10.01	－0.25	0.57	26.69	36 036
广西	7.60	－0.84	0.43	17.13	6 714
海南	5.60	－2.89	0.32	36.10	7 322
重庆	7.75	－0.64	0.43	21.66	4 434
四川	5.71	－0.18	0.34	20.99	6 242
贵州	5.73	－0.55	0.34	16.24	3 179
云南	5.75	－1.42	0.31	28.86	7 489
西藏	4.20	0.21	0.23	40.52	710
陕西	9.55	－1.33	0.50	19.98	3 842
甘肃	4.37	－0.30	0.29	25.51	2 306
青海	7.08	0.02	0.38	21.92	872
宁夏	－	－0.16	0.08	24.74	968
新疆	7.25	－1.50	0.49	26.58	3 444

（四）全国三星级饭店综合资料

6－4－1　全国三星级饭店综合情况

饭店注册登记类型、饭店规模		饭店数（家）	房间数（间）	床位数（张）	客房出租率（%）	营业收入（万元）	营业税金（万元）	固定资产（万元）
饭店注册登记类型	合计	2 846	346 482	680 018	60.84	3 187 575.57	172 555.01	9 956 337.86
	国有企业	1 576	197 532	398 321	59.65	1 682 183.94	87 912.27	5 193 552.50
	集体企业	251	25 279	48 545	61.87	233 475.57	12 925.14	762 039.19
	股份合作企业	59	7 107	12 876	61.70	74 058.14	3 827.15	192 543.15
	联营企业	34	4 539	8 601	60.97	38 657.62	2 086.78	112 408.41
	有限责任公司	303	36 286	68 977	64.32	400 760.81	22 405.06	1 085 172.03
	股份有限公司	120	16 310	31 020	65.84	149 329.30	8 277.22	455 538.70
	私营企业	131	12 550	23 050	61.42	116 544.10	7 268.07	271 282.32
	其他内资企业	101	10 564	20 057	54.07	65 883.35	3 734.14	349 666.61
	港澳台投资企业	161	21 653	39 841	61.72	240 939.31	13 266.31	823 412.24
	外商投资企业	110	14 662	28 730	61.79	185 743.43	10 852.87	710 722.71
饭店规模	合计	2 846	346 482	680 018	60.84	3 187 575.57	172 555.01	9 956 337.86
	500 间以上	16	9 820	35 496	61.84	85 805.72	4 141.70	352 524.32
	300～499 间	96	34 116	63 142	61.31	303 842.90	15 233.53	1 058 717.07
	200～299 间	310	74 633	138 904	61.14	596 324.92	32 807.48	2 120 609.02
	100～199 间	1 148	159 980	305 212	60.53	1 443 992.44	77 954.30	4 523 646.70
	1～99 间	1 276	67 933	137 264	60.89	757 609.59	42 418.00	1 900 840.75

6－4－2　全国三星级饭店的地区分布

地　区	饭店数（家）	房间数（间）	床位数（张）	客房出租率（%）	营业收入（万元）	营业税金（万元）	固定资产（万元）
合　计	2 846	346 482	680 018	60.84	3 187 575.57	172 555.01	9 956 337.86
北　京	175	31 450	61 701	60.69	328 580.43	18 318.63	1 233 271.18
天　津	35	5 748	29 243	46.27	38 250.73	2 017.13	115 980.15
河　北	91	10 827	21 558	0.00	87 616.42	4 538.77	266 062.68
山　西	70	7 261	14 331	54.40	51 508.81	2 817.93	123 325.43
内蒙古	25	3 502	6 720	60.27	29 999.56	1 461.26	85 299.76
辽　宁	131	12 507	23 390	54.76	101 739.16	5 709.89	514 132.36
吉　林	48	5 268	10 205	57.73	39 748.31	1 995.60	175 788.03
黑龙江	59	7 061	14 214	53.88	39 695.54	2 219.61	272 376.41
上　海	116	20 768	37 196	69.67	280 485.20	13 667.97	758 102.20
江　苏	189	20 580	38 048	64.64	237 579.21	12 186.30	580 417.23
浙　江	199	24 869	45 885	71.64	349 807.57	17 985.08	829 528.41
安　徽	84	8 057	16 254	63.47	48 650.11	2 786.73	145 508.64
福　建	110	14 187	26 110	57.44	92 086.55	6 729.15	259 042.86
江　西	57	7 372	13 839	61.23	41 424.98	2 653.91	113 112.16
山　东	152	19 497	36 846	55.38	171 494.91	8 545.11	606 250.71
河　南	113	14 252	29 560	59.48	89 945.45	5 012.93	230 905.93
湖　北	100	11 094	20 826	58.17	83 281.72	4 305.07	244 928.42
湖　南	106	8 351	17 779	66.43	75 843.00	4 018.00	221 120.14
广　东	364	35 692	68 203	61.69	511 098.26	29 247.88	1 187 156.25
广　西	80	12 365	24 100	56.71	77 197.73	4 127.54	281 483.39
海　南	96	12 978	25 304	60.47	44 332.56	2 484.10	278 028.90
重　庆	40	4 139	7 577	60.55	38 208.55	2 066.29	76 734.45
四　川	97	10 959	20 903	58.74	84 603.60	4 783.32	368 208.09
贵　州	16	2 186	4 165	64.94	21 894.49	827.22	87 549.49
云　南	82	7 403	13 719	62.84	30 752.20	1 840.27	181 443.68
西　藏	22	1 794	3 541	40.18	10 980.00	637.00	55 581.00
陕　西	69	9 196	15 306	56.46	79 354.62	4 272.44	299 491.28
甘　肃	38	6 384	12 512	54.45	38 415.32	1 920.67	126 665.82
青　海	11	1 504	2 872	57.39	9 241.81	472.56	12 024.46
宁　夏	17	1 844	3 732	52.65	6 369.03	379.91	51 231.90
新　疆	54	7 387	14 379	52.49	47 389.74	2 526.74	175 586.45

6－4－3　全国三星级饭店的注册登记类型

单位:家

地　区	总　计	国有企业	集体企业	股份合作企业	联营企业	有限责任公司	股份有限公司	私营企业	其他内资企业	港澳台投资企业	外商投资企业
合　计	2 846	1 576	251	59	34	303	120	131	101	161	110
北　京	175	99	20	3	3	19	3	3	2	9	14
天　津	35	18	3	0	0	5	0	1	0	2	6
河　北	91	83	2	0	0	0	1	1	0	2	2
山　西	70	39	5	1	1	13	3	3	1	3	1
内蒙古	25	24	0	0	0	0	1	0	0	0	0
辽　宁	131	62	9	3	1	14	11	9	2	10	10
吉　林	48	40	0	0	0	0	0	1	1	0	6
黑龙江	59	17	0	0	1	4	1	0	36	0	0
上　海	116	57	13	2	4	17	6	5	1	7	4
江　苏	189	107	19	1	1	28	8	7	10	5	3
浙　江	199	62	29	10	2	44	26	11	5	5	5
安　徽	84	45	4	3	0	15	4	3	0	5	5
福　建	110	34	14	4	3	10	4	9	3	18	11
江　西	57	48	1	1	0	0	0	1	1	3	2
山　东	152	105	14	5	2	11	4	4	1	3	3
河　南	113	82	13	1	0	4	1	7	1	3	1
湖　北	100	80	8	0	2	5	1	3	0	1	0
湖　南	106	86	6	0	0	6	2	1	0	3	2
广　东	364	129	47	12	8	50	7	29	3	60	19
广　西	80	38	5	1	2	8	6	3	1	14	2
海　南	96	37	6	4	4	17	9	9	1	3	6
重　庆	40	13	1	0	0	8	2	6	8	1	1
四　川	97	54	3	3	0	12	11	4	7	2	1
贵　州	16	14	0	1	0	0	1	0	0	0	0
云　南	82	35	15	2	0	6	4	2	14	1	3
西　藏	22	10	5	0	0	0	1	3	3	0	0
陕　西	69	60	2	0	0	3	0	2	0	0	2
甘　肃	38	35	0	0	0	1	1	0	0	0	1
青　海	11	6	0	1	0	0	0	4	0	0	0
宁　夏	17	17	0	0	0	0	0	0	0	0	0
新　疆	54	40	7	1	0	3	2	0	0	1	0

6－4－4　全国三星级饭店的客房规模

单位:家

地　　区	总　　计	客房间数 500 以上	客房间数 300～499	客房间数 200～299	客房间数 100～199	客房间数 99 以下
合　计	2 846	16	96	310	1 148	1 276
北　京	175	3	25	33	68	46
天　津	35	1	3	6	11	14
河　北	91	0	1	12	37	41
山　西	70	0	1	3	28	38
内蒙古	25	1	0	5	12	7
辽　宁	131	0	2	7	49	73
吉　林	48	0	0	3	21	24
黑龙江	59	0	2	6	20	31
上　海	116	1	10	27	51	27
江　苏	189	0	4	11	94	80
浙　江	199	1	5	22	105	66
安　徽	84	0	1	0	23	60
福　建	110	0	2	14	55	39
江　西	57	0	1	8	24	24
山　东	152	0	4	21	69	58
河　南	113	0	1	9	42	61
湖　北	100	0	2	7	43	48
湖　南	106	0	4	6	23	73
广　东	364	4	10	31	109	210
广　西	80	1	5	14	36	24
海　南	96	0	3	19	41	33
重　庆	40	0	1	6	13	20
四　川	97	0	3	11	40	43
贵　州	16	0	0	2	11	3
云　南	82	0	0	3	35	44
西　藏	22	0	0	1	4	17
陕　西	69	3	2	8	26	30
甘　肃	38	1	2	6	16	13
青　海	11	0	1	0	7	3
宁　夏	17	0	0	1	8	8
新　疆	54	0	1	8	27	18

6－4－5　全国三星级饭店的营业收入总额

单位:万元

地　区	营业收入	＃客房	＃餐饮	＃商品	＃其他
合　计	3 187 575.57	1 438 814.78	1 269 381.58	110 892.21	368 487.00
北　京	328 580.43	162 200.96	91 224.52	15 137.90	60 017.05
天　津	38 250.73	19 462.18	12 415.78	1 403.89	4 968.88
河　北	87 616.42	35 995.44	41 356.80	2 551.52	7 712.66
山　西	51 508.81	21 490.32	23 442.18	1 935.79	4 640.52
内蒙古	29 999.56	14 256.74	11 694.51	2 423.92	1 624.39
辽　宁	101 739.16	46 648.24	42 379.51	1 025.88	11 685.53
吉　林	39 748.31	18 446.07	17 175.32	552.97	3 573.95
黑龙江	39 695.54	18 466.30	16 466.29	1 291.61	3 471.34
上　海	280 485.20	141 859.91	81 093.70	10 154.44	47 377.15
江　苏	237 579.21	95 182.06	112 682.27	11 652.34	18 062.54
浙　江	349 807.57	153 329.37	155 851.99	13 303.96	27 322.25
安　徽	48 650.11	22 905.30	21 863.61	1 360.46	2 520.74
福　建	92 086.55	41 570.36	35 265.04	4 743.83	10 507.32
江　西	41 424.98	25 275.23	12 901.46	1 279.80	1 968.49
山　东	171 494.91	67 427.20	80 022.74	10 525.59	13 519.38
河　南	89 945.45	36 146.97	37 540.94	2 403.96	13 853.58
湖　北	83 281.72	36 961.71	36 698.17	2 498.96	7 122.88
湖　南	75 843.00	38 119.00	29 285.00	2 035.00	6 404.00
广　东	511 098.26	207 155.09	224 983.85	8 135.67	70 823.65
广　西	77 197.73	36 751.61	30 991.59	3 194.02	6 260.51
海　南	44 332.56	27 934.58	12 439.05	708.30	3 250.63
重　庆	38 208.55	17 754.68	16 384.92	463.79	3 605.16
四　川	84 603.60	42 479.49	28 275.45	1 171.77	12 676.89
贵　州	21 894.49	6 383.05	7 212.53	4 658.77	3 640.14
云　南	30 752.20	15 996.73	10 534.75	485.08	3 735.64
西　藏	10 980.00	5 440.00	4 032.00	159.00	1 349.00
陕　西	79 354.62	35 951.32	33 985.08	2 635.59	6 782.63
甘　肃	38 415.32	18 678.41	12 146.21	2 347.26	5 243.44
青　海	9 241.81	4 421.99	3 672.79	261.35	885.68
宁　夏	6 369.03	2 174.70	2 963.02	156.40	1 074.91
新　疆	47 389.74	21 949.77	22 400.51	233.39	2 806.07

6－4－6　全国三星级饭店的营业收入构成

地　　区	营业收入（万元）	＃客房（%）	＃餐饮（%）	＃商品（%）	＃其他（%）
合　计	**3 187 575.57**	**45.14**	**39.82**	**3.48**	**11.56**
北　京	328 580.43	49.36	27.76	4.61	18.27
天　津	38 250.73	50.88	32.46	3.67	12.99
河　北	87 616.42	41.08	47.20	2.91	8.80
山　西	51 508.81	41.72	45.51	3.76	9.01
内蒙古	29 999.56	47.52	38.98	8.08	5.41
辽　宁	101 739.16	45.85	41.66	1.01	11.49
吉　林	39 748.31	46.41	43.21	1.39	8.99
黑龙江	39 695.54	46.52	41.48	3.25	8.74
上　海	280 485.20	50.58	28.91	3.62	16.89
江　苏	237 579.21	40.06	47.43	4.90	7.60
浙　江	349 807.57	43.83	44.55	3.80	7.81
安　徽	48 650.11	47.08	44.94	2.80	5.18
福　建	92 086.55	45.14	38.30	5.15	11.41
江　西	41 424.98	61.01	31.14	3.09	4.75
山　东	171 494.91	39.32	46.66	6.14	7.88
河　南	89 945.45	40.19	41.74	2.67	15.40
湖　北	83 281.72	44.38	44.07	3.00	8.55
湖　南	75 843.00	50.26	38.61	2.68	8.44
广　东	511 098.26	40.53	44.02	1.59	13.86
广　西	77 197.73	47.61	40.15	4.14	8.11
海　南	44 332.56	63.01	28.06	1.60	7.33
重　庆	38 208.55	46.47	42.88	1.21	9.44
四　川	84 603.60	50.21	33.42	1.39	14.98
贵　州	21 894.49	29.15	32.94	21.28	16.63
云　南	30 752.20	52.02	34.26	1.58	12.15
西　藏	10 980.00	49.54	36.72	1.45	12.29
陕　西	79 354.62	45.30	42.83	3.32	8.55
甘　肃	38 415.32	48.62	31.62	6.11	13.65
青　海	9 241.81	47.85	39.74	2.83	9.58
宁　夏	6 369.03	34.14	46.52	2.46	16.88
新　疆	47 389.74	46.32	47.27	0.49	5.92

6-4-7 全国三星级饭店的住宿人数和人天数

地　区	住宿人数			住宿人天数		
	总人数（万人）	入境旅游者（万人）	入境占百分比（%）	总人天数（万人天）	入境旅游者（万人天）	入境占百分比（%）
合　计	7 509.40	587.69	7.83	11 689.77	1 237.22	10.58
北　京	421.69	66.41	15.75	940.58	200.00	21.26
天　津	75.15	6.29	8.37	131.83	24.59	18.65
河　北	–	–	–	–	–	–
山　西	179.14	3.26	1.82	264.70	6.95	2.63
内蒙古	67.34	4.92	7.31	128.83	9.02	7.00
辽　宁	226.55	7.81	3.45	382.42	23.35	6.11
吉　林	105.55	3.65	3.46	304.10	8.41	2.77
黑龙江	130.36	2.46	1.89	208.84	4.49	2.15
上　海	335.50	73.22	21.82	673.18	263.11	39.08
江　苏	561.89	39.94	7.11	785.80	66.84	8.51
浙　江	746.27	35.62	4.77	1 136.33	66.37	5.84
安　徽	251.10	8.88	3.54	394.82	11.66	2.95
福　建	207.62	23.71	11.42	346.72	47.00	13.56
江　西	–	–	–	–	–	–
山　东	407.16	21.65	5.32	588.27	41.29	7.02
河　南	322.58	11.10	3.44	401.46	16.33	4.07
湖　北	245.68	3.09	1.26	346.41	5.64	1.63
湖　南	305.02	9.03	2.96	455.41	10.57	2.32
广　东	990.34	170.48	17.21	1 451.21	274.14	18.89
广　西	256.79	24.55	9.56	370.21	36.71	9.92
海　南	450.64	4.61	1.02	521.09	5.94	1.14
重　庆	118.00	3.09	2.62	149.49	4.45	2.97
四　川	333.16	9.68	2.90	489.29	14.35	2.93
贵　州	37.02	5.39	14.57	66.03	11.98	18.15
云　南	186.69	10.97	5.88	282.57	14.00	4.96
西　藏	19.10	3.58	18.75	37.27	7.23	19.41
陕　西	152.52	10.96	7.19	258.01	21.88	8.48
甘　肃	132.49	5.65	4.27	198.54	7.66	3.86
青　海	52.18	1.64	3.15	91.08	2.95	3.24
宁　夏	9.54	0.03	0.28	13.59	0.08	0.58
新　疆	171.32	5.00	2.92	249.08	7.60	3.05

6-4-8 全国三星级饭店每间客房的效益

地　　区	饭店数（家）	饭店规模		客　房出租率（%）	每间客房年收入（万元）	每间客房年接待人数（人）	每间客房年接待人天数（人天）
		客房数（间）	床位数（张）				
合　计	2 846	346 482	680 018	60.84	4.15	217	337
北　京	175	31 450	61 701	60.69	5.16	134	299
天　津	35	5 748	29 243	46.27	3.39	131	229
河　北	91	10 827	21 558	–	3.32	–	–
山　西	70	7 261	14 331	54.40	2.96	247	365
内蒙古	25	3 502	6 720	60.27	4.07	192	368
辽　宁	131	12 507	23 390	54.76	3.73	181	306
吉　林	48	5 268	10 205	57.73	3.50	200	577
黑龙江	59	7 061	14 214	53.88	2.62	185	296
上　海	116	20 768	37 196	69.67	6.83	162	324
江　苏	189	20 580	38 048	64.64	4.62	273	382
浙　江	199	24 869	45 885	71.64	6.17	300	457
安　徽	84	8 057	16 254	63.47	2.84	312	490
福　建	110	14 187	26 110	57.44	2.93	146	244
江　西	57	7 372	13 839	61.23	3.43	–	–
山　东	152	19 497	36 846	55.38	3.46	209	302
河　南	113	14 252	29 560	59.48	2.54	226	282
湖　北	100	11 094	20 826	58.17	3.33	221	312
湖　南	106	8 351	17 779	66.43	4.56	365	545
广　东	364	35 692	68 203	61.69	5.80	277	407
广　西	80	12 365	24 100	56.71	2.97	208	299
海　南	96	12 978	25 304	60.47	2.15	347	402
重　庆	40	4 139	7 577	60.55	4.29	285	361
四　川	97	10 959	20 903	58.74	3.88	304	446
贵　州	16	2 186	4 165	64.94	2.92	169	302
云　南	82	7 403	13 719	62.84	2.16	252	382
西　藏	22	1 794	3 541	40.18	3.03	106	208
陕　西	69	9 196	15 306	56.46	3.91	166	281
甘　肃	38	6 384	12 512	54.45	2.93	208	311
青　海	11	1 504	2 872	57.39	2.94	347	606
宁　夏	17	1 844	3 732	52.65	1.18	52	74
新　疆	54	7 387	14 379	52.49	2.97	232	337

6－4－9 全国三星级饭店的人均效益

地　区	全员劳动生产率（万元/人）	人均实现利润（万元/人）	人均实现利税（万元/人）	人均占用固定资产原值（万元/人）	年末从业人员（人）
合　计	6.49	−0.49	0.35	20.28	490 875
北　京	8.28	−0.88	0.46	31.09	39 674
天　津	5.53	−1.47	0.29	16.75	6 923
河　北	5.13	−0.61	0.27	15.57	17 086
山　西	4.03	−0.40	0.22	9.64	12 789
内蒙古	5.50	0.02	0.27	15.65	5 452
辽　宁	5.52	−1.39	0.31	27.91	18 422
吉　林	4.23	−0.97	0.21	18.71	9 397
黑龙江	3.50	−0.59	0.20	24.01	11 342
上　海	9.74	0.16	0.47	26.32	28 801
江　苏	7.59	−0.44	0.39	18.55	31 291
浙　江	9.26	−0.12	0.48	21.95	37 790
安　徽	3.41	0.05	0.20	10.21	14 250
福　建	4.21	−0.09	0.31	11.85	21 861
江　西	5.86	−0.11	0.38	16.01	7 064
山　东	5.43	−0.42	0.27	19.19	31 592
河　南	6.87	−0.67	0.38	17.64	13 091
湖　北	5.87	−0.38	0.30	17.27	14 186
湖　南	5.80	−0.19	0.31	16.90	13 081
广　东	8.69	−0.46	0.50	20.18	58 835
广　西	4.76	−0.95	0.25	17.34	16 231
海　南	4.30	−0.94	0.24	26.99	10 303
重　庆	4.86	−0.51	0.26	9.77	7 854
四　川	5.21	−0.46	0.29	22.69	16 228
贵　州	7.62	−0.35	0.29	30.45	2 875
云　南	3.35	−0.89	0.20	19.78	9 171
西　藏	5.57	0.00	0.32	28.21	1 970
陕　西	6.92	−1.01	0.37	26.13	11 463
甘　肃	4.77	−0.34	0.24	15.74	8 047
青　海	3.95	−0.49	0.20	5.14	2 341
宁　夏	2.12	−0.22	0.13	17.02	3 010
新　疆	5.60	−0.65	0.30	20.77	8 455

（五）全国二星级饭店综合资料

6－5－1　全国二星级饭店综合情况

	饭店注册登记类型、饭店规模	饭店数（家）	房间数（间）	床位数（张）	客房出租率（%）	营业收入（万元）	营业税金（万元）	固定资产（万元）
饭店注册登记类型	合计	4 414	305 984	622 097	56.47	1 622 321.26	91 090.07	4 173 998.66
	国有企业	2 709	197 135	405 596	54.86	939 092.99	52 352.37	2 563 528.92
	集体企业	504	34 923	71 095	56.08	188 899.69	11 079.83	456 608.06
	股份合作企业	84	5 740	10 770	58.26	40 306.40	2 230.84	72 197.23
	联营企业	42	3 218	6 280	61.69	22 669.85	1 183.34	78 363.71
	有限责任公司	320	21 179	42 205	61.79	151 708.17	8 448.19	301 011.16
	股份有限公司	139	10 171	19 935	64.26	93 099.41	4 940.96	243 817.96
	私营企业	322	17 537	35 172	59.30	89 120.21	5 001.39	164 526.05
	其他内资企业	170	8 537	17 268	56.50	41 305.25	2 174.25	133 699.51
	港澳台投资企业	83	4 677	8 689	58.58	38 258.83	2 590.53	88 065.37
	外商投资企业	41	2 867	5 087	58.76	17 860.46	1 088.37	72 180.69
饭店规模	合计	4 414	305 984	622 097	56.47	1 622 321.26	91 090.07	4 173 998.66
	500 间以上	2	1 592	4 027	29.68	667.97	30.40	3 083.00
	300～499 间	19	6 802	12 473	57.59	35 980.72	1 474.62	91 753.00
	200～299 间	88	20 055	37 439	60.93	99 503.66	5 176.91	254 500.11
	100～199 间	803	105 005	210 933	57.90	513 592.21	27 975.47	1 573 841.20
	1～99 间	3 502	172 530	357 225	55.26	972 576.70	56 432.67	2 250 821.35

6－5－2　全国二星级饭店的地区分布

地　区	饭店数（家）	房间数（间）	床位数（张）	客房出租率（%）	营业收入（万元）	营业税金（万元）	固定资产（万元）
合　计	4 414	305 984	622 097	56.47	1 622 321.26	91 090.07	4 173 998.66
北　京	252	19 802	39 708	51.09	105 912.50	5 701.88	304 452.73
天　津	29	2 499	5 135	41.52	14 004.68	857.82	39 792.46
河　北	141	13 008	25 870	－	74 858.43	4 811.41	198 252.61
山　西	127	9 600	19 909	51.01	37 981.78	1 855.08	84 269.94
内蒙古	71	4 358	9 136	54.26	18 631.83	1 095.82	60 047.21
辽　宁	133	8 274	17 451	52.44	44 665.48	2 431.16	202 058.62
吉　林	85	4 325	8 677	46.34	18 483.57	1 043.37	53 777.27
黑龙江	99	6 554	13 869	52.83	23 356.02	1 194.11	98 630.80
上　海	136	11 158	21 514	66.89	92 130.41	4 719.86	237 576.46
江　苏	291	16 963	33 822	59.28	123 056.66	6 260.93	270 210.97
浙　江	374	24 198	47 547	64.45	258 862.35	13 957.31	391 220.86
安　徽	154	13 176	28 679	53.75	41 427.83	1 985.26	114 211.49
福　建	143	10 372	20 551	50.85	33 839.54	3 836.52	91 597.73
江　西	108	8 247	16 158	59.97	29 608.78	1 514.23	82 396.85
山　东	179	12 604	26 312	53.73	68 038.42	3 564.37	208 133.73
河　南	173	16 078	36 811	60.29	39 578.24	2 166.08	146 084.23
湖　北	277	17 582	35 647	50.91	69 003.81	3 556.59	219 235.14
湖　南	172	9 110	20 605	58.13	33 914.00	1 959.00	50 520.05
广　东	392	21 971	42 246	59.15	189 634.82	11 792.06	320 611.05
广　西	141	12 459	24 994	55.45	47 754.69	2 576.48	145 068.78
海　南	54	4 052	7 969	61.00	13 531.02	796.08	55 946.88
重　庆	50	3 840	7 408	62.39	27 815.88	1 439.72	63 921.58
四　川	145	12 327	23 504	52.45	56 640.72	2 821.33	215 028.26
贵　州	48	3 970	7 875	62.11	33 847.25	1 643.67	86 653.25
云　南	331	14 798	29 551	55.65	35 748.89	1 876.86	152 395.34
西　藏	17	1 007	2 225	42.27	925.00	51.00	6 507.00
陕　西	87	6 434	13 160	53.38	31 385.45	2 012.58	68 145.40
甘　肃	67	5 851	12 036	60.99	20 014.35	1 399.04	72 094.24
青　海	21	1 301	2 650	45.39	5 712.25	341.12	14 138.43
宁　夏	13	1 126	2 321	45.71	2 015.74	116.90	13 946.56
新　疆	104	8 940	18 757	50.86	29 940.87	1 712.43	107 072.74

6－5－3　全国二星级饭店的注册登记类型

单位：家

地　区	总　计	国有企业	集体企业	股份合作企业	联营企业	有限责任公司	股份有限公司	私营企业	其他内资企业	港澳台投资企业	外商投资企业
合　计	4 414	2 709	504	84	42	320	139	322	170	83	41
北　京	252	146	47	11	6	9	8	17	3	1	4
天　津	29	15	6	0	1	2	0	2	0	2	1
河　北	141	137	1	0	0	2	0	0	1	0	0
山　西	127	65	14	1	0	10	8	17	11	0	1
内蒙古	71	67	4	0	0	0	0	0	0	0	0
辽　宁	133	76	17	1	0	14	9	10	1	2	3
吉　林	85	65	5	5	0	2	0	4	1	2	1
黑龙江	99	44	4	1	0	3	1	3	43	0	0
上　海	136	70	20	4	5	13	7	10	2	3	2
江　苏	291	180	31	0	3	22	12	14	23	4	2
浙　江	374	114	41	24	5	80	28	69	9	1	3
安　徽	154	105	14	3	1	12	8	8	0	1	2
福　建	143	64	24	3	2	17	1	20	3	5	4
江　西	108	90	2	4	0	0	3	2	3	0	4
山　东	179	121	18	3	2	9	9	10	1	5	1
河　南	173	119	16	1	1	10	5	20	1	0	0
湖　北	277	222	28	0	1	7	7	6	1	5	0
湖　南	172	141	15	0	0	4	1	2	2	6	1
广　东	392	191	56	7	8	34	15	30	7	38	6
广　西	141	79	28	1	2	16	1	9	0	4	1
海　南	54	25	9	3	2	5	1	6	2	0	1
重　庆	50	25	7	1	0	5	1	8	3	0	0
四　川	145	81	15	4	0	16	6	11	8	4	0
贵　州	48	48	0	0	0	0	0	0	0	0	0
云　南	331	167	50	7	3	21	6	29	44	0	4
西　藏	17	6	10	0	0	0	0	0	1	0	0
陕　西	87	67	8	0	0	5	1	6	0	0	0
甘　肃	67	67	0	0	0	0	0	0	0	0	0
青　海	21	13	0	0	0	0	0	8	0	0	0
宁　夏	13	13	0	0	0	0	0	0	0	0	0
新　疆	104	86	14	0	0	2	1	1	0	0	0

6－5－4　全国二星级饭店的客房规模

单位:家

地　　区	总　　计	客房间数 500 以上	客房间数 300～499	客房间数 200～299	客房间数 100～199	客房间数 99 以下
合　计	4 414	2	19	88	803	3 502
北　京	252	0	2	7	57	186
天　津	29	0	0	0	12	17
河　北	141	0	4	7	43	87
山　西	127	1	1	1	21	103
内蒙古	71	0	0	1	13	57
辽　宁	133	0	1	2	24	106
吉　林	85	0	0	0	10	75
黑龙江	99	0	0	0	15	84
上　海	136	0	1	3	39	93
江　苏	291	0	0	6	41	244
浙　江	374	1	0	7	57	309
安　徽	154	0	0	4	20	130
福　建	143	0	0	2	26	115
江　西	108	0	0	4	19	85
山　东	179	0	0	2	31	146
河　南	173	0	2	1	22	148
湖　北	277	0	0	2	38	237
湖　南	172	0	0	1	27	144
广　东	392	0	2	6	67	317
广　西	141	0	2	7	33	99
海　南	54	0	0	0	8	46
重　庆	50	0	0	1	14	35
四　川	145	0	0	6	48	91
贵　州	48	0	0	2	10	36
云　南	331	0	1	6	45	279
西　藏	17	0	0	0	0	17
陕　西	87	0	1	3	17	66
甘　肃	67	0	1	1	18	47
青　海	21	0	0	1	3	17
宁　夏	13	0	0	1	3	9
新　疆	104	0	1	4	22	77

6－5－5　全国二星级饭店的营业收入总额

单位:万元

地　区	营业收入	＃客房	＃餐饮	＃商品	＃其他
合　计	1 622 321.26	732 243.29	672 748.04	64 441.81	152 888.12
北　京	105 912.50	51 008.49	24 318.29	2 592.13	27 993.59
天　津	14 004.68	6 439.36	4 978.38	225.27	2 361.67
河　北	74 858.43	26 368.17	38 168.81	5 531.25	4 790.20
山　西	37 981.78	15 446.88	17 584.41	1 239.08	3 711.41
内蒙古	18 631.83	9 072.77	8 172.87	751.41	634.78
辽　宁	44 665.48	22 249.70	17 403.56	572.80	4 439.42
吉　林	18 483.57	8 305.86	8 573.27	295.45	1 308.99
黑龙江	23 356.02	13 327.32	8 346.20	379.00	1 303.50
上　海	92 130.41	49 250.67	28 753.92	2 757.22	11 368.60
江　苏	123 056.66	48 883.39	61 828.22	4 816.39	7 528.66
浙　江	258 862.35	110 527.20	123 915.73	8 660.52	15 758.90
安　徽	41 427.83	20 012.15	17 564.07	2 352.37	1 499.24
福　建	33 839.54	16 231.85	12 719.36	1 545.01	3 343.32
江　西	29 608.78	16 235.31	10 780.16	254.68	2 338.63
山　东	68 038.42	24 591.20	35 603.95	3 557.12	4 286.15
河　南	39 578.24	18 977.89	17 068.76	815.80	2 715.79
湖　北	69 003.81	31 195.91	30 942.67	2 635.14	4 230.09
湖　南	33 914.00	17 935.00	12 750.00	1 279.00	1 950.00
广　东	189 634.82	85 159.22	78 955.27	4 964.45	20 555.88
广　西	47 754.69	23 514.57	18 777.42	2 216.29	3 246.41
海　南	13 531.02	9 016.51	3 781.78	96.37	636.36
重　庆	27 815.88	12 652.90	8 324.25	2 832.37	4 006.36
四　川	56 640.72	24 824.99	21 249.45	2 446.88	8 119.40
贵　州	33 847.25	7 729.34	14 097.73	7 716.20	4 303.98
云　南	35 748.89	17 585.71	12 459.75	1 072.93	4 630.50
西　藏	925.00	628.00	157.00	108.00	32.00
陕　西	31 385.45	15 070.79	13 717.21	1 124.66	1 472.79
甘　肃	20 014.35	11 164.37	6 405.88	946.73	1 497.37
青　海	5 712.25	3 085.35	1 388.64	96.93	1 141.33
宁　夏	2 015.74	614.60	1 211.51	12.00	177.63
新　疆	29 940.87	15 137.82	12 749.52	548.36	1 505.17

6－5－6 全国二星级饭店的营业收入构成

地　区	营业收入（万元）	＃客房（%）	＃餐饮（%）	＃商品（%）	＃其他（%）
合　计	1 622 321.26	45.14	41.47	3.97	9.42
北　京	105 912.50	48.16	22.96	2.45	26.43
天　津	14 004.68	45.98	35.55	1.61	16.86
河　北	74 858.43	35.22	50.99	7.39	6.40
山　西	37 981.78	40.67	46.30	3.26	9.77
内蒙古	18 631.83	48.70	43.87	4.03	3.41
辽　宁	44 665.48	49.81	38.96	1.28	9.94
吉　林	18 483.57	44.94	46.38	1.60	7.08
黑龙江	23 356.02	57.06	35.73	1.62	5.58
上　海	92 130.41	53.46	31.21	2.99	12.34
江　苏	123 056.66	39.72	50.24	3.91	6.12
浙　江	258 862.35	42.70	47.87	3.35	6.09
安　徽	41 427.83	48.31	42.40	5.68	3.62
福　建	33 839.54	47.97	37.59	4.57	9.88
江　西	29 608.78	54.83	36.41	0.86	7.90
山　东	68 038.42	36.14	52.33	5.23	6.30
河　南	39 578.24	47.95	43.13	2.06	6.86
湖　北	69 003.81	45.21	44.84	3.82	6.13
湖　南	33 914.00	52.88	37.60	3.77	5.75
广　东	189 634.82	44.91	41.64	2.62	10.84
广　西	47 754.69	49.24	39.32	4.64	6.80
海　南	13 531.02	66.64	27.95	0.71	4.70
重　庆	27 815.88	45.49	29.93	10.18	14.40
四　川	56 640.72	43.83	37.52	4.32	14.33
贵　州	33 847.25	22.84	41.65	22.80	12.72
云　南	35 748.89	49.19	34.85	3.00	12.95
西　藏	925.00	67.89	16.97	11.68	3.46
陕　西	31 385.45	48.02	43.71	3.58	4.69
甘　肃	20 014.35	55.78	32.01	4.73	7.48
青　海	5 712.25	54.01	24.31	1.70	19.98
宁　夏	2 015.74	30.49	60.10	0.60	8.81
新　疆	29 940.87	50.56	42.58	1.83	5.03

6－5－7 全国二星级饭店的住宿人数和人天数

地 区	住宿人数			住宿人天数		
	总人数（万人）	入境旅游者（万人）	入境占百分比（%）	总人天数（万人天）	入境旅游者（万人天）	入境占百分比（%）
合 计	6 527.30	178.86	2.74	9 586.05	330.55	3.45
北 京	205.78	10.03	4.88	424.83	38.83	9.14
天 津	36.80	0.78	2.12	61.99	1.99	3.21
河 北	－	－	－	－	－	－
山 西	201.27	1.39	0.69	307.29	2.36	0.77
内蒙古	126.80	3.86	3.05	214.26	5.92	2.76
辽 宁	169.78	1.61	0.95	274.07	3.96	1.44
吉 林	85.85	4.05	4.72	134.89	4.73	3.51
黑龙江	118.19	0.79	0.67	210.07	1.68	0.80
上 海	223.70	6.83	3.05	372.49	24.85	6.67
江 苏	440.08	7.13	1.62	641.34	15.81	2.47
浙 江	807.35	16.88	2.09	1 110.49	36.16	3.26
安 徽	250.61	1.22	0.49	368.23	3.04	0.83
福 建	145.87	3.30	2.27	228.22	6.70	2.93
江 西	－	－	－	－	－	－
山 东	251.93	3.83	1.52	352.23	6.56	1.86
河 南	231.39	0.20	0.09	380.30	0.23	0.06
湖 北	344.86	2.95	0.86	434.48	5.10	1.17
湖 南	334.67	6.96	2.08	458.62	7.87	1.71
广 东	647.23	65.78	10.16	936.35	94.61	10.10
广 西	272.69	3.96	1.45	390.99	5.78	1.48
海 南	147.01	0.42	0.28	167.31	0.55	0.33
重 庆	129.16	0.32	0.24	162.75	0.45	0.28
四 川	352.67	2.50	0.71	471.98	3.25	0.69
贵 州	65.13	7.12	10.94	108.67	11.13	10.24
云 南	382.54	8.51	2.22	582.57	13.08	2.25
西 藏	2.58	0.65	25.36	6.50	2.29	35.28
陕 西	111.84	0.95	0.85	156.03	1.29	0.83
甘 肃	130.26	3.35	2.57	155.38	4.15	2.67
青 海	63.26	0.90	1.43	115.38	1.58	1.37
宁 夏	9.97	0.01	0.12	12.49	0.02	0.14
新 疆	229.33	3.88	1.69	326.44	7.17	2.20

6－5－8 全国二星级饭店每间客房的收益

地　区	饭店数（家）	饭店规模		客　房出租率（%）	每间客房年收入（万元）	每间客房年接待人数（人）	每间客房年接待人天数（人天）
		客房数（间）	床位数（张）				
合　计	4 414	305 984	622 097	56.47	2.39	213	313
北　京	252	19 802	39 708	51.09	2.58	104	215
天　津	29	2 499	5 135	41.52	2.58	147	248
河　北	141	13 008	25 870	－	2.03	－	－
山　西	127	9 600	19 909	51.01	1.61	210	320
内蒙古	71	4 358	9 136	54.26	2.08	291	492
辽　宁	133	8 274	17 451	52.44	2.69	205	331
吉　林	85	4 325	8 677	46.34	1.92	199	312
黑龙江	99	6 554	13 869	52.83	2.03	180	321
上　海	136	11 158	21 514	66.89	4.41	200	334
江　苏	291	16 963	33 822	59.28	2.88	259	378
浙　江	374	24 198	47 547	64.45	4.57	334	459
安　徽	154	13 176	28 679	53.75	1.52	190	279
福　建	143	10 372	20 551	50.85	1.56	141	220
江　西	108	8 247	16 158	59.97	1.97	－	－
山　东	179	12 604	26 312	53.73	1.95	200	279
河　南	173	16 078	36 811	60.29	1.18	144	237
湖　北	277	17 582	35 647	50.91	1.77	196	247
湖　南	172	9 110	20 605	58.13	1.97	367	503
广　东	392	21 971	42 246	59.15	3.88	295	426
广　西	141	12 459	24 994	55.45	1.89	219	314
海　南	54	4 052	7 969	61.00	2.23	363	413
重　庆	50	3 840	7 408	62.39	3.30	336	424
四　川	145	12 327	23 504	52.45	2.01	286	383
贵　州	48	3 970	7 875	62.11	1.95	164	274
云　南	331	14 798	29 551	55.65	1.19	259	394
西　藏	17	1 007	2 225	42.27	0.62	26	65
陕　西	87	6 434	13 160	53.38	2.34	174	243
甘　肃	67	5 851	12 036	60.99	1.91	223	266
青　海	21	1 301	2 650	45.39	2.37	486	887
宁　夏	13	1 126	2 321	45.71	0.55	89	111
新　疆	104	8 940	18 757	50.86	1.69	257	365

6-5-9 全国二星级饭店的人均效益

地　区	全员劳动生产率(万元/人)	人均实现利润(万元/人)	人均实现利税(万元/人)	人均占用固定资产原值(万元/人)	年末从业人员(人)
合　计	**4.72**	**-0.26**	**0.27**	**12.15**	**343 483**
北　京	6.63	-0.51	0.36	19.05	15 978
天　津	4.98	-1.39	0.31	14.16	2 811
河　北	4.53	-0.10	0.29	12.00	16 516
山　西	2.99	-0.03	0.15	6.63	12 708
内蒙古	3.34	-0.32	0.20	10.76	5 581
辽　宁	4.43	-0.72	0.24	20.05	10 078
吉　林	3.15	-0.42	0.18	9.16	5 870
黑龙江	2.79	-0.28	0.14	11.80	8 357
上　海	7.45	-0.27	0.38	19.20	12 371
江　苏	5.37	-0.30	0.27	11.80	22 896
浙　江	9.21	-0.26	0.50	13.92	28 096
安　徽	2.03	0.09	0.10	5.60	20 377
福　建	2.39	-0.10	0.27	6.46	14 169
江　西	5.81	0.81	0.30	16.18	5 094
山　东	3.66	-0.26	0.19	11.21	18 574
河　南	3.81	-0.21	0.21	14.07	10 385
湖　北	3.85	-0.32	0.20	12.22	17 938
湖　南	2.56	-0.46	0.15	3.82	13 224
广　东	7.47	-0.20	0.46	12.64	25 374
广　西	3.74	-0.35	0.20	11.37	12 755
海　南	3.67	-0.75	0.22	15.17	3 688
重　庆	5.36	-0.14	0.28	12.32	5 188
四　川	4.31	-0.41	0.21	16.35	13 154
贵　州	9.47	-0.17	0.46	24.25	3 574
云　南	2.42	-0.35	0.13	10.32	14 770
西　藏	4.00	-0.15	0.22	28.17	231
陕　西	4.39	0.15	0.28	9.53	7 152
甘　肃	3.05	0.03	0.21	10.98	6 563
青　海	5.31	-1.03	0.32	13.15	1 075
宁　夏	1.55	-0.31	0.09	10.74	1 299
新　疆	3.92	-0.58	0.22	14.02	7 637

（六）全国一星级饭店综合资料

6－6－1 全国一星级饭店综合情况

	饭店注册登记类型、饭店规模	饭店数（家）	房间数（间）	床位数（张）	客房出租率（%）	营业收入（万元）	营业税金（万元）	固定资产（万元）
饭店注册登记类型	合计	810	36 363	76 546	49.68	127 329.84	6 650.41	329 951.22
	国有企业	473	23 003	49 226	49.16	79 719.76	4 206.04	197 789.21
	集体企业	98	4 007	8 318	48.60	13 597.97	626.79	35 743.80
	股份合作企业	20	729	1 446	59.63	3 055.55	171.36	5 874.96
	联营企业	8	481	932	55.51	1 717.83	96.16	4 234.52
	有限责任公司	35	1 877	3 574	47.19	7 965.58	492.43	23 580.76
	股份有限公司	17	556	1 140	41.26	1 617.26	96.67	10 125.78
	私营企业	83	2 981	5 842	55.19	10 759.61	608.13	15 284.39
	其他内资企业	64	2 205	5 240	51.56	6 450.69	216.61	25 761.46
	港澳台投资企业	7	208	365	46.47	1 805.90	112.82	5 245.86
	外商投资企业	5	316	463	53.20	639.69	23.40	6 310.48
饭店规模	合计	810	36 363	76 546	49.68	127 329.84	6 650.41	329 951.22
	500 间以上	0	–	–	–	–	–	–
	300～499 间	2	711	1 309	34.97	1 758.37	56.82	6 538.83
	200～299 间	4	983	1 925	67.93	1 767.79	100.82	5 032.48
	100～199 间	57	7 240	15 524	51.54	23 904.95	1 188.40	71 808.08
	1～99 间	747	27 429	57 788	49.31	99 898.73	5 304.37	246 571.83

6－6－2 全国一星级饭店的地区分布

地　区	饭店数（家）	房间数（间）	床位数（张）	客房出租率（%）	营业收入（万元）	营业税金（万元）	固定资产（万元）
合　计	810	36 363	76 546	49.68	127 329.84	6 650.41	329 951.22
北　京	63	4 428	9 289	37.66	10 203.31	513.26	28 402.97
天　津	5	354	893	47.75	1 447.20	44.20	2 118.60
河　北	17	1 059	2 038	－	4 608.88	220.91	13 002.57
山　西	5	272	644	40.54	83.66	4.27	1.70
内蒙古	23	645	1 442	44.39	2 595.43	116.52	5 178.20
辽　宁	50	2 663	5 248	49.05	10 753.00	600.57	48 044.71
吉　林	9	263	596	40.66	1 116.40	46.35	5 585.17
黑龙江	44	2 115	4 967	50.47	6 117.01	253.80	24 583.30
上　海	20	1 058	2 060	66.74	5 184.67	276.01	8 434.96
江　苏	22	577	1 329	54.33	2 233.87	120.45	3 529.01
浙　江	97	3 549	6 704	55.75	24 704.95	1 171.99	28 752.12
安　徽	13	836	1 653	35.65	1 380.06	65.11	4 231.22
福　建	16	586	1 178	55.73	2 117.04	254.60	2 380.17
江　西	11	577	1 100	92.42	535.63	23.36	1 148.24
山　东	30	1 576	3 499	45.96	6 042.80	311.64	15 217.42
河　南	5	663	1 545	77.37	3 249.29	169.54	1 838.80
湖　北	78	3 439	7 473	44.26	9 131.15	464.69	25 934.07
湖　南	21	849	2 130	61.01	2 408.00	87.00	1 408.50
广　东	44	1 382	2 828	45.73	5 767.33	324.44	11 452.06
广　西	18	1 263	2 412	62.84	2 798.99	175.72	10 706.20
海　南	11	507	994	41.19	720.92	40.24	4 177.47
重　庆	4	206	396	51.24	692.60	20.10	2 428.10
四　川	30	1 781	3 807	47.72	4 979.55	272.54	23 478.24
贵　州	11	904	2 001	59.58	7 729.20	475.97	14 314.21
云　南	111	2 417	5 130	44.10	3 601.95	206.06	13 430.01
西　藏	9	425	973	35.53	1 132.00	65.00	11 437.00
陕　西	7	383	788	69.20	1 616.86	78.04	2 845.46
甘　肃	12	619	1 249	59.38	1 892.21	112.15	5 368.06
青　海	4	128	270	47.76	185.70	10.05	421.30
宁　夏	2	153	385	38.48	324.00	26.50	883.00
新　疆	18	686	1 525	39.02	1 976.18	99.33	9 218.38

6－6－3　全国一星级饭店的注册登记类型

单位:家

地　区	总　计	国有企业	集体企业	股份合作企业	联营企业	有限责任公司	股份有限公司	私营企业	其他内资企业	港澳台投资企业	外商投资企业
合　计	810	473	98	20	8	35	17	83	64	7	5
北　京	63	37	16	2	1	2	0	4	0	1	0
天　津	5	3	1	1	0	0	0	0	0	0	0
河　北	17	17	0	0	0	0	0	0	0	0	0
山　西	5	3	0	0	0	0	0	0	2	0	0
内蒙古	23	22	1	0	0	0	0	0	0	0	0
辽　宁	50	32	4	0	0	3	1	5	1	2	2
吉　林	9	7	1	0	0	0	1	0	0	0	0
黑龙江	44	20	0	0	0	0	0	0	24	0	0
上　海	20	13	1	1	0	3	0	2	0	0	0
江　苏	22	15	3	0	1	0	0	1	2	0	0
浙　江	97	17	13	6	2	16	3	35	4	0	1
安　徽	13	6	3	0	0	1	0	3	0	0	0
福　建	16	10	1	0	0	1	1	3	0	0	0
江　西	11	10	0	0	1	0	0	0	0	0	0
山　东	30	22	1	3	0	0	0	4	0	0	0
河　南	5	5	0	0	0	0	0	0	0	0	0
湖　北	78	51	17	2	0	1	2	4	1	0	0
湖　南	21	20	1	0	0	0	0	0	0	0	0
广　东	44	30	3	0	1	1	2	4	1	2	0
广　西	18	12	3	0	0	0	0	2	0	1	0
海　南	11	4	1	1	0	0	2	1	0	1	1
重　庆	4	3	0	0	0	0	0	1	0	0	0
四　川	30	16	4	1	1	4	0	2	2	0	0
贵　州	11	11	0	0	0	0	0	0	0	0	0
云　南	111	44	19	3	1	3	4	11	26	0	0
西　藏	9	1	5	0	0	0	1	1	1	0	0
陕　西	7	6	0	0	0	0	0	0	0	0	1
甘　肃	12	12	0	0	0	0	0	0	0	0	0
青　海	4	4	0	0	0	0	0	0	0	0	0
宁　夏	2	2	0	0	0	0	0	0	0	0	0
新　疆	18	18	0	0	0	0	0	0	0	0	0

6－6－4　全国一星级饭店的客房规模

单位:家

地　区	总　计	客房间数 500 以上	客房间数 300～499	客房间数 200～299	客房间数 100～199	客房间数 99 以下
合　计	810	0	2	4	57	747
北　京	63	0	1	1	11	50
天　津	5	0	0	0	2	3
河　北	17	0	0	0	4	13
山　西	5	0	0	0	1	4
内蒙古	23	0	0	0	0	23
辽　宁	50	0	1	1	7	41
吉　林	9	0	0	0	1	8
黑龙江	44	0	0	0	2	42
上　海	20	0	0	0	3	17
江　苏	22	0	0	0	1	21
浙　江	97	0	0	0	1	96
安　徽	13	0	0	0	0	13
福　建	16	0	0	0	0	16
江　西	11	0	0	0	1	10
山　东	30	0	0	0	3	27
河　南	5	0	0	1	1	3
湖　北	78	0	0	0	2	76
湖　南	21	0	0	0	3	18
广　东	44	0	0	0	1	43
广　西	18	0	0	0	4	14
海　南	11	0	0	0	0	11
重　庆	4	0	0	0	0	4
四　川	30	0	0	1	2	27
贵　州	11	0	0	0	3	8
云　南	111	0	0	0	1	110
西　藏	9	0	0	0	0	9
陕　西	7	0	0	0	1	6
甘　肃	12	0	0	0	2	10
青　海	4	0	0	0	0	4
宁　夏	2	0	0	0	0	2
新　疆	18	0	0	0	0	18

6－6－5　全国一星级饭店的营业收入总额

单位:万元

地　区	营业收入	#客房	#餐饮	#商品	#其他
合　计	127 329.84	59 931.79	51 283.87	5 540.19	10 573.99
北　京	10 203.31	5 975.45	2 055.56	230.75	1 941.55
天　津	1 447.20	521.10	632.20	264.30	29.60
河　北	4 608.88	1 990.12	2 221.60	75.00	322.16
山　西	83.66	40.27	43.39	0.00	0.00
内蒙古	2 595.43	1 140.19	1 256.83	84.11	114.30
辽　宁	10 753.00	5 878.69	4 407.93	116.57	349.81
吉　林	1 116.40	462.83	596.12	3.00	54.45
黑龙江	6 117.01	3 016.71	2 792.60	106.80	200.90
上　海	5 184.67	3 862.71	986.62	70.20	265.14
江　苏	2 233.87	988.55	1 157.94	8.71	78.67
浙　江	24 704.95	10 936.49	10 113.77	2 118.46	1 536.23
安　徽	1 380.06	523.01	590.90	42.99	223.16
福　建	2 117.04	858.76	1 146.43	0.00	111.85
江　西	535.63	358.63	143.16	26.94	6.90
山　东	6 042.80	2 753.84	2 954.51	163.01	171.44
河　南	3 249.29	1 536.31	1 532.98	135.00	45.00
湖　北	9 131.15	3 973.70	4 581.57	230.62	345.26
湖　南	2 408.00	664.00	1 046.00	109.00	589.00
广　东	5 767.33	2 440.23	2 722.92	282.46	321.72
广　西	2 798.99	2 066.12	292.33	8.12	432.42
海　南	720.92	595.07	63.42	52.50	9.93
重　庆	692.60	405.50	116.00	0.00	171.10
四　川	4 979.55	2 013.94	2 391.82	132.50	441.29
贵　州	7 729.20	1 694.70	3 231.14	955.14	1 848.22
云　南	3 601.95	1 842.03	1 457.80	42.35	259.77
西　藏	1 132.00	575.00	486.00	18.00	53.00
陕　西	1 616.86	693.09	612.39	17.52	293.86
甘　肃	1 892.21	984.74	507.82	234.52	165.13
青　海	185.70	134.56	43.12	1.14	6.88
宁　夏	324.00	116.00	187.00	0.00	21.00
新　疆	1 976.18	889.45	912.00	10.48	164.25

6－6－6　全国一星级饭店的营业收入构成

地　区	营业收入（万元）	#客房（%）	#餐饮（%）	#商品（%）	#其他（%）
合　计	**127 329.84**	**47.07**	**40.28**	**4.35**	**8.30**
北　京	10 203.31	58.56	20.15	2.26	19.03
天　津	1 447.20	36.01	43.68	18.26	2.05
河　北	4 608.88	43.18	48.20	1.63	6.99
山　西	83.66	48.14	51.86	0.00	0.00
内蒙古	2 595.43	43.93	48.42	3.24	4.40
辽　宁	10 753.00	54.67	40.99	1.08	3.25
吉　林	1 116.40	41.46	53.40	0.27	4.88
黑龙江	6 117.01	49.32	45.65	1.75	3.28
上　海	5 184.67	74.50	19.03	1.35	5.11
江　苏	2 233.87	44.25	51.84	0.39	3.52
浙　江	24 704.95	44.27	40.94	8.58	6.22
安　徽	1 380.06	37.90	42.82	3.12	16.17
福　建	2 117.04	40.56	54.15	0.00	5.28
江　西	535.63	66.95	26.73	5.03	1.29
山　东	6 042.80	45.57	48.89	2.70	2.84
河　南	3 249.29	47.28	47.18	4.15	1.38
湖　北	9 131.15	43.52	50.18	2.53	3.78
湖　南	2 408.00	27.57	43.44	4.53	24.46
广　东	5 767.33	42.31	47.21	4.90	5.58
广　西	2 798.99	73.82	10.44	0.29	15.45
海　南	720.92	82.54	8.80	7.28	1.38
重　庆	692.60	58.55	16.75	0.00	24.70
四　川	4 979.55	40.44	48.03	2.66	8.86
贵　州	7 729.20	21.93	41.80	12.36	23.91
云　南	3 601.95	51.14	40.47	1.18	7.21
西　藏	1 132.00	50.80	42.93	1.59	4.68
陕　西	1 616.86	42.87	37.88	1.08	18.17
甘　肃	1 892.21	52.04	26.84	12.39	8.73
青　海	185.70	72.46	23.22	0.61	3.70
宁　夏	324.00	35.80	57.72	0.00	6.48
新　疆	1 976.18	45.01	46.15	0.53	8.31

6－6－7　全国一星级饭店的住宿人数和人天数

地　区	住　宿　人　数			住　宿　人　天　数		
	总人数（万人）	入境旅游者（万人）	入境占百分比(%)	总人天数（万人天）	入境旅游者（万人天）	入境占百分比(%)
合　计	679.28	12.27	1.81	984.79	23.75	2.41
北　京	27.72	0.96	3.45	55.44	2.72	4.91
天　津	9.51	0.02	0.20	14.44	0.11	0.74
河　北	–	–	–	–	–	–
山　西	0.91	0.00	0.00	1.23	0.00	0.00
内蒙古	16.97	0.55	3.21	22.73	0.28	1.21
辽　宁	47.66	0.24	0.50	83.23	0.49	0.58
吉　林	5.77	0.01	0.25	7.65	0.10	1.31
黑龙江	25.80	0.23	0.91	45.24	0.80	1.77
上　海	22.66	0.32	1.42	37.32	1.19	3.18
江　苏	18.78	0.02	0.12	27.02	0.06	0.21
浙　江	118.99	0.40	0.34	154.11	0.88	0.57
安　徽	9.38	0.00	0.01	15.00	0.01	0.07
福　建	11.48	0.12	1.04	16.13	0.16	0.99
江　西	–	–	–	–	–	–
山　东	28.45	0.14	0.49	39.65	0.43	1.09
河　南	24.14	1.66	6.86	31.16	2.01	6.44
湖　北	51.21	0.06	0.13	69.10	0.10	0.14
湖　南	19.92	0.81	4.06	26.25	0.77	2.93
广　东	31.98	2.37	7.41	44.18	3.61	8.17
广　西	34.33	0.24	0.70	37.26	0.26	0.69
海　南	12.60	0.09	0.68	14.93	0.12	0.78
重　庆	3.81	0.00	0.00	5.57	0.00	0.00
四　川	46.63	1.66	3.56	70.18	3.69	5.26
贵　州	12.60	0.20	1.60	18.64	0.53	2.85
云　南	54.58	0.40	0.73	87.50	0.61	0.70
西　藏	3.56	1.00	28.16	6.31	2.73	43.24
陕　西	1.14	0.03	2.57	2.87	0.07	2.54
甘　肃	16.76	0.00	0.00	19.92	0.00	0.00
青　海	3.99	0.15	3.72	9.55	0.34	3.55
宁　夏	1.93	0.00	0.05	2.13	0.00	0.09
新　疆	15.50	0.06	0.36	18.53	0.20	1.06

6－6－8 全国一星级饭店每间客房的收益

地区	饭店数（家）	饭店规模		客房出租率（%）	每间客房年收入（万元）	每间客房年接待人数（人）	每间客房年接待人天数（人天）
		客房数（间）	床位数（张）				
合计	810	36 363	76 546	49.68	1.65	187	271
北京	63	4 428	9 289	37.66	1.35	63	125
天津	5	354	893	47.75	1.47	269	408
河北	17	1 059	2 038	－	1.88	－	－
山西	5	272	644	40.54	0.15	33	45
内蒙古	23	645	1 442	44.39	1.77	263	352
辽宁	50	2 663	5 248	49.05	2.21	179	313
吉林	9	263	596	40.66	1.76	219	291
黑龙江	44	2 115	4 967	50.47	1.43	122	214
上海	20	1 058	2 060	66.74	3.65	214	353
江苏	22	577	1 329	54.33	1.71	325	468
浙江	97	3 549	6 704	55.75	3.08	335	434
安徽	13	836	1 653	35.65	0.63	112	179
福建	16	586	1 178	55.73	1.47	196	275
江西	11	577	1 100	－	0.62	－	－
山东	30	1 576	3 499	45.96	1.75	181	252
河南	5	663	1 545	77.37	2.32	364	470
湖北	78	3 439	7 473	44.26	1.16	149	201
湖南	21	849	2 130	61.01	0.78	235	309
广东	44	1 382	2 828	45.73	1.77	231	320
广西	18	1 263	2 412	62.84	1.64	272	295
海南	11	507	994	41.19	1.17	249	294
重庆	4	206	396	51.24	1.97	185	270
四川	30	1 781	3 807	47.72	1.13	262	394
贵州	11	904	2 001	59.58	1.87	139	206
云南	111	2 417	5 130	44.10	0.76	226	362
西藏	9	425	973	35.53	1.35	84	148
陕西	7	383	788	69.20	1.81	30	75
甘肃	12	619	1 249	59.38	1.59	271	322
青海	4	128	270	47.76	1.05	312	746
宁夏	2	153	385	38.48	0.76	126	139
新疆	18	686	1 525	39.02	1.30	226	270

6－6－9 全国一星级饭店的人均效益

地　区	全员劳动生产率（万元/人）	人均实现利　润（万元/人）	人均实现利　税（万元/人）	人均占用固定资产原值（万元/人）	年末从业人　员（人）
合　计	3.80	－0.27	0.20	9.86	33 468
北　京	5.06	－0.59	0.25	14.09	2 016
天　津	4.57	－0.08	0.14	6.68	317
河　北	3.11	－0.22	0.15	8.77	1 483
山　西	0.73	0.05	0.04	－	115
内蒙古	3.16	0.17	0.14	6.30	822
辽　宁	3.09	－1.21	0.17	13.80	3 481
吉　林	4.61	－0.82	0.19	23.08	242
黑龙江	2.68	－0.02	0.11	10.75	2 286
上　海	5.81	－0.51	0.31	9.46	892
江　苏	5.24	－0.40	0.28	8.28	426
浙　江	7.72	－0.06	0.37	8.98	3 201
安　徽	1.07	－0.10	0.05	3.29	1 288
福　建	1.67	－0.10	0.20	1.88	1 266
江　西	3.11	0.00	0.14	6.68	172
山　东	3.26	－0.43	0.17	8.21	1 853
河　南	4.16	0.04	0.22	2.35	781
湖　北	3.13	0.00	0.16	8.90	2 915
湖　南	1.72	0.29	0.06	1.00	1 403
广　东	4.95	－0.12	0.28	9.83	1 165
广　西	3.32	－0.06	0.21	12.70	843
海　南	2.35	－1.17	0.13	13.61	307
重　庆	2.14	－0.16	0.06	7.49	324
四　川	3.50	－0.25	0.19	16.50	1 423
贵　州	7.71	－0.08	0.47	14.27	1 003
云　南	2.42	－0.17	0.14	9.02	1 489
西　藏	5.24	－0.42	0.30	52.95	216
陕　西	4.77	－0.89	0.23	8.39	339
甘　肃	3.08	0.00	0.18	8.74	614
青　海	2.58	0.30	0.14	5.85	72
宁　夏	1.99	－0.07	0.16	5.42	163
新　疆	3.59	－0.33	0.18	16.73	551

七、全国大中型星级饭店综合资料

7－1 全国大中型星级饭店综合情况

	饭店注册登记类型、规模、星级	饭店数（家）	房间数（间）	床位数（张）	客房出租率（%）	营业收入（万元）	营业税金（万元）	固定资产（万元）
饭店注册登记类型	合计	1 022	319 126	578 961	64.00	4 700 237.52	238 406.82	14 317 490.26
	国有企业	473	141 737	276 907	60.99	1 601 966.55	80 118.78	5 104 547.52
	集体企业	43	12 107	23 305	62.85	89 663.19	4 910.66	309 227.18
	股份合作企业	11	3 646	6 046	62.49	49 792.69	2 439.46	136 497.81
	联营企业	10	2 744	4 981	64.39	30 872.54	1 671.70	87 049.39
	有限责任公司	90	23 757	41 204	65.86	264 748.60	15 231.23	782 165.29
	股份有限公司	58	19 087	34 684	67.94	269 204.12	14 191.58	914 283.02
	私营企业	20	5 224	9 760	64.25	59 632.60	3 398.03	184 432.00
	其他内资企业	27	7 551	13 787	57.39	61 413.28	3 526.38	255 800.92
	港澳台投资企业	161	55 831	90 744	67.71	1 287 182.68	59 887.58	3 262 460.26
	外商投资企业	129	47 442	77 543	66.07	985 761.27	53 031.42	3 281 026.87
饭店规模	合计	1 022	319 126	578 961	64.00	4 700 237.52	238 406.82	14 317 490.26
	500 间以上	80	51 877	109 293	68.05	1 213 060.82	60 872.99	2 930 860.61
	300～499 间	320	117 280	198 832	63.99	1 836 677.19	91 229.87	6 040 318.89
	200～299 间	622	149 969	270 836	62.49	1 650 499.51	86 303.96	5 346 310.76
饭店星级	合计	1 022	319 126	578 961	64.00	4 700 237.52	238 406.82	14 317 490.26
	五星级	148	62 924	99 069	66.68	1 735 342.87	91 786.26	5 082 288.73
	四星级	337	107 490	185 177	66.23	1 839 242.60	87 598.28	5 342 443.70
	三星级	422	118 569	237 542	61.24	985 973.54	52 182.71	3 531 850.41
	二星级	109	28 449	53 939	59.77	136 152.35	6 681.93	349 336.11
	一星级	6	1 694	3 234	48.83	3 526.16	157.64	11 571.31

7－2　全国大中型星级饭店的地区分布

地　　区	饭店数（家）	房间数（间）	床位数（张）	客　房出租率（%）	营业收入（万元）	营业税金（万元）	固定资产（万元）
合　计	1 022	319 126	578 961	64.00	4 700 237.52	238 406.82	14 317 490.26
北　京	139	52 131	92 566	67.28	1 051 043.87	53 355.36	3 069 387.75
天　津	18	5 475	27 892	51.93	67 625.54	3 648.45	218 385.83
河　北	29	7 678	14 467	61.55	57 969.98	3 274.82	269 120.56
山　西	11	3 427	6 913	58.55	24 384.38	1 243.48	84 402.12
内蒙古	9	2 532	4 711	67.14	24 060.00	1 425.20	91 733.66
辽　宁	36	11 212	17 402	60.61	143 417.24	7 822.59	661 211.63
吉　林	10	3 020	4 966	60.71	33 109.89	1 912.04	174 078.32
黑龙江	14	3 831	7 056	59.13	30 290.40	1 962.55	252 849.48
上　海	87	30 844	52 892	74.91	758 152.75	36 016.61	1 645 964.36
江　苏	60	17 602	27 735	66.14	306 691.95	14 029.07	861 087.02
浙　江	70	20 218	35 940	70.49	408 094.32	15 968.38	857 459.87
安　徽	10	2 612	3 346	68.04	18 061.93	1 002.10	47 782.05
福　建	29	8 345	14 520	54.73	65 801.73	3 807.70	244 264.67
江　西	16	4 030	7 400	63.86	28 012.88	2 022.00	79 554.07
山　东	47	13 510	23 677	59.71	137 282.78	7 078.41	569 454.16
河　南	20	5 590	10 187	55.16	45 644.54	2 419.50	129 095.01
湖　北	24	7 004	12 489	56.40	69 601.57	3 694.39	319 304.41
湖　南	19	5 594	10 513	65.02	62 512.00	3 646.00	187 408.52
广　东	121	40 031	69 591	64.94	757 105.58	42 058.02	1 990 212.30
广　西	45	13 484	25 229	59.43	107 703.31	5 566.29	384 193.76
海　南	45	12 312	22 873	59.90	87 346.89	4 828.15	496 873.49
重　庆	19	5 203	8 588	60.19	72 884.04	3 752.26	273 200.72
四　川	32	9 253	16 021	59.66	75 202.65	3 873.59	327 570.30
贵　州	8	2 042	3 742	61.05	17 142.73	932.21	47 084.34
云　南	34	9 470	17 178	59.78	71 283.91	3 685.49	326 412.89
西　藏	2	751	1 350	29.98	4 684.00	257.00	39 623.00
陕　西	28	10 255	17 651	62.45	90 565.21	4 497.45	341 526.75
甘　肃	14	4 449	9 060	53.63	27 408.22	1 318.23	111 761.27
青　海	3	917	1 762	55.08	6 763.06	355.96	20 387.00
宁　夏	2	469	755	23.06	96.90	5.00	12 909.00
新　疆	21	5 835	10 489	51.24	50 293.27	2 948.52	183 191.95

7-3 全国大中型星级饭店的注册登记类型

单位:家

地　区	总　计	国有企业	集体企业	股份合作企业	联营企业	有限责任公司	股份有限公司	私营企业	其他内资企业	港澳台投资企业	外商投资企业
合　计	1 022	473	43	11	10	90	58	20	27	161	129
北　京	139	63	10	1	0	6	3	2	0	21	33
天　津	18	5	1	0	0	2	0	0	0	3	7
河　北	29	28	0	0	0	0	0	0	0	1	0
山　西	11	10	0	0	0	0	0	0	0	1	0
内蒙古	9	9	0	0	0	0	0	0	0	0	0
辽　宁	36	11	0	0	0	2	1	0	0	13	9
吉　林	10	6	0	0	0	0	0	0	0	0	4
黑龙江	14	2	0	0	0	0	0	0	9	3	0
上　海	87	40	2	2	3	9	7	0	1	15	8
江　苏	60	30	1	0	0	12	0	1	2	7	7
浙　江	70	15	8	0	0	12	16	5	1	10	3
安　徽	10	4	2	0	0	1	1	0	0	1	1
福　建	29	12	3	0	2	1	0	1	2	4	4
江　西	16	11	0	0	0	0	0	0	1	3	1
山　东	47	26	2	0	0	5	2	1	0	2	9
河　南	20	17	0	0	0	0	0	1	0	1	1
湖　北	24	14	2	1	0	1	3	0	0	3	0
湖　南	19	10	1	0	0	1	3	0	0	2	2
广　东	121	38	3	2	3	9	1	6	2	41	16
广　西	45	19	3	0	0	7	1	0	0	13	2
海　南	45	14	1	3	2	9	8	1	1	3	3
重　庆	19	5	0	0	0	2	0	1	3	4	4
四　川	32	20	0	1	0	2	3	0	3	2	1
贵　州	8	3	0	1	0	0	1	0	1	1	1
云　南	34	12	2	0	0	5	5	0	0	6	4
西　藏	2	1	0	0	0	0	0	0	1	0	0
陕　西	28	16	0	0	0	2	2	1	0	1	6
甘　肃	14	11	0	0	0	1	1	0	0	0	1
青　海	3	3	0	0	0	0	0	0	0	0	0
宁　夏	2	2	0	0	0	0	0	0	0	0	0
新　疆	21	16	2	0	0	1	0	0	0	0	2

7－4 全国大中型星级饭店的客房规模

单位:家

地　区	总　计	客房间数 500以上	客房间数 300～499	客房间数 200～299
合　计	1 022	80	320	622
北　京	139	21	59	59
天　津	18	1	5	12
河　北	29	0	6	23
山　西	11	1	3	7
内蒙古	9	1	1	7
辽　宁	36	3	11	22
吉　林	10	0	4	6
黑龙江	14	0	5	9
上　海	87	15	32	40
江　苏	60	3	21	36
浙　江	70	3	19	48
安　徽	10	0	2	8
福　建	29	0	11	18
江　西	16	0	1	15
山　东	47	4	11	32
河　南	20	0	5	15
湖　北	24	1	7	16
湖　南	19	1	6	12
广　东	121	15	39	67
广　西	45	2	14	29
海　南	45	0	13	32
重　庆	19	0	6	13
四　川	32	2	7	23
贵　州	8	0	1	7
云　南	34	1	7	26
西　藏	2	0	1	1
陕　西	28	5	10	13
甘　肃	14	1	4	9
青　海	3	0	2	1
宁　夏	2	0	0	2
新　疆	21	0	7	14

7－5　全国大中型星级饭店的星级构成

单位:家

地　区	星级饭店总　数	五星级	四星级	三星级	二星级	一星级
合　计	1 022	148	337	422	109	6
北　京	139	25	42	61	9	2
天　津	18	1	7	10	0	0
河　北	29	1	4	13	11	0
山　西	11	0	4	4	3	0
内蒙古	9	1	1	6	1	0
辽　宁	36	7	15	9	3	2
吉　林	10	3	4	3	0	0
黑龙江	14	2	4	8	0	0
上　海	87	19	26	38	4	0
江　苏	60	10	29	15	6	0
浙　江	70	7	27	28	8	0
安　徽	10	2	3	1	4	0
福　建	29	5	6	16	2	0
江　西	16	0	3	9	4	0
山　东	47	6	14	25	2	0
河　南	20	2	4	10	3	1
湖　北	24	2	11	9	2	0
湖　南	19	2	6	10	1	0
广　东	121	22	46	45	8	0
广　西	45	5	11	20	9	0
海　南	45	7	16	22	0	0
重　庆	19	3	8	7	1	0
四　川	32	3	8	14	6	1
贵　州	8	0	4	2	2	0
云　南	34	6	18	3	7	0
西　藏	2	0	1	1	0	0
陕　西	28	4	7	13	4	0
甘　肃	14	0	3	9	2	0
青　海	3	0	1	1	1	0
宁　夏	2	0	0	1	1	0
新　疆	21	3	4	9	5	0

7－6 全国大中型星级饭店的营业收入总额

单位：万元

地　区	营业收入	＃客房	＃餐饮	＃商品	＃其他
合　计	4 700 237.52	2 229 402.73	1 531 484.61	340 841.45	598 508.73
北　京	1 051 043.87	483 703.80	288 382.74	120 769.07	158 188.26
天　津	67 625.54	32 028.72	20 743.57	4 518.59	10 334.66
河　北	57 969.98	23 025.64	29 536.43	1 437.03	3 970.88
山　西	24 384.38	14 085.48	8 161.63	483.76	1 653.51
内蒙古	24 060.00	13 106.04	9 260.58	336.75	1 356.63
辽　宁	143 417.24	75 019.61	46 937.14	4 970.39	16 490.10
吉　林	33 109.89	17 450.39	12 244.27	434.00	2 981.23
黑龙江	30 290.40	16 392.17	9 766.69	123.70	4 007.84
上　海	758 152.75	426 963.75	233 803.96	18 436.11	78 948.93
江　苏	306 691.95	118 155.08	108 494.53	31 094.01	48 948.33
浙　江	408 094.32	132 619.47	121 474.21	118 519.89	35 480.75
安　徽	18 061.93	8 906.25	7 175.30	495.67	1 484.71
福　建	65 801.73	36 968.42	22 389.16	331.54	6 112.61
江　西	28 012.88	16 719.46	8 292.86	1 142.57	1 857.99
山　东	137 282.78	63 655.19	55 236.38	5 639.59	12 751.62
河　南	45 644.54	22 824.86	17 959.88	877.00	3 982.80
湖　北	69 601.57	36 469.06	24 816.50	1 624.56	6 691.45
湖　南	62 512.00	27 826.00	25 540.00	452.00	8 694.00
广　东	757 105.58	346 528.23	266 954.60	12 803.84	130 818.91
广　西	107 703.31	56 259.75	41 733.60	3 441.26	6 268.70
海　南	87 346.89	53 555.56	24 479.88	725.95	8 585.50
重　庆	72 884.04	31 803.62	29 789.24	3 674.14	7 617.04
四　川	75 202.65	40 781.34	23 606.47	664.78	10 150.06
贵　州	17 142.73	9 371.53	6 004.42	806.21	960.57
云　南	71 283.91	34 387.53	24 952.71	2 254.44	9 689.23
西　藏	4 684.00	3 054.00	1 269.00	55.00	306.00
陕　西	90 565.21	51 162.34	29 437.01	2 431.80	7 534.06
甘　肃	27 408.22	13 220.87	7 822.96	1 607.06	4 757.33
青　海	6 763.06	3 276.09	2 050.15	485.82	951.00
宁　夏	96.90	35.80	47.30	0.00	13.80
新　疆	50 293.27	20 046.68	23 121.44	204.92	6 920.23

7－7 全国大中型星级饭店的营业收入构成

地　区	营业收入（万元）	＃客房（％）	＃餐饮（％）	＃商品（％）	＃其他（％）
合　计	4 700 237.52	47.43	32.58	7.25	12.73
北　京	1 051 043.87	46.02	27.44	11.49	15.05
天　津	67 625.54	47.36	30.67	6.68	15.28
河　北	57 969.98	39.72	50.95	2.48	6.85
山　西	24 384.38	57.76	33.47	1.98	6.78
内蒙古	24 060.00	54.47	38.49	1.40	5.64
辽　宁	143 417.24	52.31	32.73	3.47	11.50
吉　林	33 109.89	52.70	36.98	1.31	9.00
黑龙江	30 290.40	54.12	32.24	0.41	13.23
上　海	758 152.75	56.32	30.84	2.43	10.41
江　苏	306 691.95	38.53	35.38	10.14	15.96
浙　江	408 094.32	32.50	29.77	29.04	8.69
安　徽	18 061.93	49.31	39.73	2.74	8.22
福　建	65 801.73	56.18	34.03	0.50	9.29
江　西	28 012.88	59.68	29.60	4.08	6.63
山　东	137 282.78	46.37	40.24	4.11	9.29
河　南	45 644.54	50.01	39.35	1.92	8.73
湖　北	69 601.57	52.40	35.66	2.33	9.61
湖　南	62 512.00	44.51	40.86	0.72	13.91
广　东	757 105.58	45.77	35.26	1.69	17.28
广　西	107 703.31	52.24	38.75	3.20	5.82
海　南	87 346.89	61.31	28.03	0.83	9.83
重　庆	72 884.04	43.64	40.87	5.04	10.45
四　川	75 202.65	54.23	31.39	0.88	13.50
贵　州	17 142.73	54.67	35.03	4.70	5.60
云　南	71 283.91	48.24	35.00	3.16	13.59
西　藏	4 684.00	65.20	27.09	1.17	6.53
陕　西	90 565.21	56.49	32.50	2.69	8.32
甘　肃	27 408.22	48.24	28.54	5.86	17.36
青　海	6 763.06	48.44	30.31	7.18	14.06
宁　夏	96.90	36.95	48.81	0.00	14.24
新　疆	50 293.27	39.86	45.97	0.41	13.76

7－8 全国大中型星级饭店的住宿人数和人天数

地　区	住宿人数			住宿人天数		
	总人数（万人）	入境旅游者（万人）	入境占百分比（%）	总人天数（万人天）	入境旅游者（万人天）	入境占百分比（%）
合　计	5 368.12	1 374.72	25.61	9 984.84	3 191.02	31.96
北　京	687.21	254.97	37.10	1 664.12	673.58	40.48
天　津	74.12	11.65	15.71	148.48	53.50	36.03
河　北	－	－	－	－	－	－
山　西	62.03	1.48	2.39	86.71	2.79	3.22
内蒙古	70.26	5.73	8.15	108.01	9.32	8.63
辽　宁	145.64	35.56	24.42	320.86	112.31	35.00
吉　林	47.04	8.36	17.76	73.21	21.06	28.77
黑龙江	55.04	6.46	11.74	100.51	13.49	13.42
上　海	428.68	204.89	47.79	1 160.02	738.23	63.64
江　苏	360.14	103.70	28.79	587.46	183.19	31.18
浙　江	411.14	70.11	17.05	693.93	128.09	18.46
安　徽	50.20	1.78	3.54	69.45	5.15	7.42
福　建	101.84	29.40	28.87	215.29	66.17	30.74
江　西	－	－	－	－	－	－
山　东	235.86	30.51	12.94	386.74	82.83	21.42
河　南	161.48	3.81	2.36	221.51	5.59	2.52
湖　北	121.06	22.79	18.83	189.70	45.65	24.06
湖　南	121.96	6.40	5.24	203.86	10.52	5.16
广　东	762.45	296.38	38.87	1 303.21	500.85	38.43
广　西	275.65	71.76	26.03	413.54	109.86	26.57
海　南	342.30	22.98	6.71	428.03	36.38	8.50
重　庆	77.13	16.60	21.53	135.84	38.95	28.67
四　川	183.78	31.05	16.90	355.05	71.62	20.17
贵　州	29.95	4.88	16.30	68.32	10.24	15.00
云　南	196.89	52.64	26.73	319.14	78.79	24.69
西　藏	8.43	3.99	47.26	26.78	13.40	50.03
陕　西	166.29	57.35	34.49	369.05	144.25	39.09
甘　肃	77.14	6.50	8.43	123.65	10.36	8.37
青　海	21.26	2.30	10.81	35.99	4.08	11.35
宁　夏	0.14	0.00	0.00	0.26	0.00	0.00
新　疆	89.51	7.39	8.26	166.99	11.90	7.13

7－9 全国大中型星级饭店每间客房的收益

地区	饭店数（家）	饭店规模		客房出租率（%）	每间客房年收入（万元）	每间客房年接待人数（人）	每间客房年接待人天数（人天）
		客房数（间）	床位数（张）				
合计	1 022	319 126	578 961	64.00	6.99	168	313
北京	139	52 131	92 566	67.28	9.28	132	319
天津	18	5 475	27 892	51.93	5.85	135	271
河北	29	7 678	14 467	61.55	3.00	－	－
山西	11	3 427	6 913	58.55	4.11	181	253
内蒙古	9	2 532	4 711	67.14	5.18	278	427
辽宁	36	11 212	17 402	60.61	6.69	130	286
吉林	10	3 020	4 966	60.71	5.78	156	242
黑龙江	14	3 831	7 056	59.13	4.28	144	262
上海	87	30 844	52 892	74.91	13.84	139	376
江苏	60	17 602	27 735	66.14	6.71	205	334
浙江	70	20 218	35 940	70.49	6.56	203	343
安徽	10	2 612	3 346	68.04	3.41	192	266
福建	29	8 345	14 520	54.73	4.43	122	258
江西	16	4 030	7 400	63.86	4.15	－	－
山东	47	13 510	23 677	59.71	4.71	175	286
河南	20	5 590	10 187	55.16	4.08	289	396
湖北	24	7 004	12 489	56.40	5.21	173	271
湖南	19	5 594	10 513	65.02	4.97	218	364
广东	121	40 031	69 591	64.94	8.66	190	326
广西	45	13 484	25 229	59.43	4.17	204	307
海南	45	12 312	22 873	59.90	4.35	278	348
重庆	19	5 203	8 588	60.19	6.11	148	261
四川	32	9 253	16 021	59.66	4.41	199	384
贵州	8	2 042	3 742	61.05	4.59	147	335
云南	34	9 470	17 178	59.78	3.63	208	337
西藏	2	751	1 350	29.98	4.07	112	357
陕西	28	10 255	17 651	62.45	4.99	162	360
甘肃	14	4 449	9 060	53.63	2.97	173	278
青海	3	917	1 762	55.08	3.57	232	392
宁夏	2	469	755	23.06	0.08	3	6
新疆	21	5 835	10 489	51.24	3.44	153	286

7－10 全国大中型星级饭店的人均效益

地　区	全员劳动生产率（万元/人）	人均实现利润（万元/人）	人均实现利税（万元/人）	人均占用固定资产原值（万元/人）	年末从业人员（人）
合　计	10.86	0.13	0.55	33.08	432 750
北　京	14.36	0.75	0.73	41.93	73 196
天　津	8.98	－0.94	0.48	28.99	7 533
河　北	6.09	－0.81	0.34	28.28	9 517
山　西	5.76	－0.91	0.29	19.92	4 237
内蒙古	6.57	－0.30	0.39	25.04	3 663
辽　宁	9.92	－1.01	0.54	45.74	14 456
吉　林	6.10	－0.76	0.35	32.09	5 424
黑龙江	6.25	－1.94	0.41	52.21	4 843
上　海	16.53	2.03	0.79	35.89	45 858
江　苏	12.64	－0.72	0.58	35.49	24 261
浙　江	14.56	0.58	0.57	30.60	28 022
安　徽	4.44	0.11	0.25	11.73	4 072
福　建	5.79	0.55	0.34	21.51	11 356
江　西	5.88	－0.24	0.42	16.69	4 766
山　东	7.69	－0.57	0.40	31.92	17 841
河　南	9.27	－0.77	0.49	26.21	4 925
湖　北	9.05	－0.28	0.48	41.52	7 690
湖　南	9.56	0.75	0.56	28.67	6 536
广　东	11.71	0.58	0.65	30.79	64 632
广　西	6.34	－1.08	0.33	22.63	16 980
海　南	7.13	－1.03	0.39	40.57	12 248
重　庆	7.91	－1.50	0.41	29.66	9 212
四　川	6.69	0.31	0.34	29.13	11 244
贵　州	5.40	－0.23	0.29	14.83	3 175
云　南	5.73	－1.60	0.30	26.24	12 438
西　藏	4.88	0.20	0.27	41.32	959
陕　西	9.11	－0.61	0.45	34.34	9 946
甘　肃	5.06	－0.43	0.24	20.61	5 422
青　海	5.58	－0.37	0.29	16.82	1 212
宁　夏	－	－0.04	0.02	54.01	239
新　疆	7.35	－0.32	0.43	26.76	6 847

责任编辑：许晓海　王　军
责任印制：李崇宝　闫立中

图书在版编目（CIP）数据

中国旅游统计年鉴.2003：副本/国家旅游局编.北京：中国旅游出版社，2003.9
ISBN 7-5032-2199-2

Ⅰ.中…　Ⅱ.国…　Ⅲ.旅游业-统计资料-中国-2003-年鉴　Ⅳ.F592-66

中国版本图书馆 CIP 数据核字(2003)第 069822 号

书　　名：中国旅游统计年鉴(副本)2003
编　　著：中华人民共和国国家旅游局
出版发行：中国旅游出版社
(北京建国门内大街甲九号　100005)
网　　址：http://www.cttp.net.cn
E-mail: cttp@cnta.gov.cn
印　　刷：北京市 1201 印刷厂印刷
版　　次：2003 年 9 月第 1 版
2003 年 9 月第 1 次印刷
开　　本：787 毫米×1092 毫米　1/16
印　　张：14
字　　数：340 千字
定　　价：48.00 元